GUIDE DE SURVIE À L'USAGE DES PARENTS

Pierre Antilogus
Jean-Louis Festjens

GUIDE DE SURVIE À L'USAGE DES PARENTS

Illustrations
de Sempé
et J.-L. Festjens

FRANCE LOISIRS
123, Boulevard de Grenelle, Paris

Les illustrations de Sempé sont extraites des ouvrages suivants *Le Petit Nicolas, Les Récrés du Petit Nicolas, Les vacances du Petit Nicolas, Le Petit Nicolas et ses copains, Joachim a des ennuis,* © Éditions Denoël.

Une Édition du Club France Loisirs, Paris
réalisée avec l'autorisation des Presses de la Cité

ISBN 2-7242-6778-8

L'enfant lui-même est un symptôme.

Dr JULIEN COHEN-SOLAL

AVERTISSEMENT

Loin d'être un réquisitoire de plus contre l'enfance, ses lubies, ses excès, ses intolérables débordements, le présent livre se veut une main tendue à tous les parents du monde, la main décharnée mais ferme encore de deux pères qui en ont bavé, et qui savent ce qu'élever des enfants veut dire. Ça oui.

PARENTS, NOS FRÈRES, TENEZ BON !

Pour mieux nous assister, nous conseiller, pour mieux nous seconder, nous nous sommes assuré le concours (involontaire) des plus grands spécialistes (à part nous) de l'éducation des enfants : Laurence Pernoud, Françoise Dolto, Thomas Gordon, Fitzhugh Dodson, Benjamin Spock, T. Berry Brazelton et autres Cohen-Solal, une bien sympathique bande de braves gens qui, tout au long de ce livre, vous prodigueront sous notre houlette bienveillante des recommandations et des suggestions parfois utiles[1].

Dans le même esprit, les chercheurs de l'I.R.E.P. (Institut de Recherches sur l'Endurance Parentale) ont accepté (à titre exceptionnel !) de partager avec nous les fruits de leurs stupéfiantes expériences.

À tous, merci.

1. Toutes les citations sont rigoureusement authentiques. Elles proviennent des livres suivants : *J'élève mon enfant,* de Laurence Pernoud ; *Lorsque l'enfant paraît,* de Françoise Dolto ; *Parents efficaces,* du Dr Thomas Gordon ; *Aimer sans tout permettre,* du Dr Fitzhugh Dodson ; *Comprendre et soigner son enfant,* du Dr Julien Cohen-Solal ; *Des enfants, oui, des enflures, nein !,* du Dr Hermann Paull ; *L'Art d'être parents,* du Dr Benjamin Spock.

JE BOIS
BONU
BONA
UN VERMOUTH
SEMPÉ

PRÉFACE

Quand on observe une horrible chenille velue suspendue on ne sait trop comment à la branche d'un arbre, quand on la voit se convulser minablement, comme pour ramper dans l'air, on a peine à croire qu'elle se transformera un jour en un magnifique papillon radieux voletant avec allégresse. De même pour l'enfant. Comment imaginer que le petit gougnafier deviendra un — ou une — adulte au profil impérieux, au fin sourire, un être harmonieusement bâti, responsable, spirituel, conscient de ses droits et de ses devoirs, un type comme nous ?

Pourtant, tel est bien le merveilleux miracle qui se produit sans discontinuer depuis l'aube des temps. Car, approximativement, les enfants existent depuis l'aube des temps. Il est même permis de penser qu'ils ont précédé les adultes sur la terre. D'une dizaine d'années au moins. Vision vertigineuse !

Mais le plus stupéfiant, quand on y pense, c'est qu'en dépit de la présence permanente des enfants, du tohu-bohu infernal qu'ils n'ont pas cessé de faire à travers les millénaires, de toutes leurs âneries accumulées et de leur refus obstiné de manger des légumes, l'humanité ait pu survivre. Il y a, là encore, quelque chose de miraculeux, qui nous ferait louer Dieu, si les auteurs ne s'étaient engagés, avant d'entreprendre la rédaction de cet ouvrage, par une sorte de serment solennel et bouleversant, à ne faire état d'aucun présupposé philosophique, social, racial ou religieux. Car ils sont ainsi faits, les auteurs de ce livre : sympas, mais corrects.

Formidablement respectueux des croyances des autres, même quand elles sont risibles et ridicules, comme c'est si souvent le cas. « S'adresser à tous sans choquer personne », voilà leur devise. Qui pourrait encore douter que les noms d'Antilogus et de Festjens figureront un jour, gravés en lettres de rubis, sur le fronton marmoréen du panthéon universel dédié aux bienfaiteurs de l'humanité ? Hein, qui ?

Ne nous le cachons pas, nous vivons une époque difficile, et tous les démographes le confirment : jamais encore il n'y avait eu autant d'enfants sur notre planète. Ce qui signifie que jamais encore notre planète n'avait couru autant de périls. Voilà pourquoi nous n'avons pas hésité à accepter de rédiger cette préface, lorsqu'on nous l'a demandé. Jamais encore ouvrage n'était arrivé plus à point nommé que le présent *Guide de survie à l'usage des parents*, si remarquable, si vivant, si dru ! Décidément, nous ne remercierons jamais assez Pierre Antilogus et Jean-Louis Festjens.

Signé : Jean-Louis Festjens et Pierre Antilogus

INTRODUCTION

L'ENFANT, SA VIE, SON ŒUVRE

Il y a toutes sortes d'enfants sur la terre. Pour mémoire, citons les enfants de chœur, les enfants de la patrie, les enfants du Pirée, si habiles au lancer de moussaka, et naturellement les enfants de salauds, à juste titre redoutés. Nous nous en tiendrons dans ce livre à l'enfant qu'on pourrait dire abouti, en pleine possession de ses moyens, opérationnel à cent pour cent, bref, à l'enfant capable, par exemple, de détruire un vase ancien (dynastie Ming) à l'aide d'un ballon. En d'autres termes, au zozo usuel, largement répandu dans toute communauté qui se respecte.

1. TENTATIVE DE DÉFINITION

On a pu écrire que l'enfant était un « nabot déchaîné » (Pline l'Ancien), ou un « U-boot haletant dans la nuit » (Feld-amiral Kesselring), ou encore un « papillon facétieux porté par le vent d'est » (Lao-Tseu). Propos non démontrés. Descartes, Heidegger, Oscar Wilde et Tristan Bernard ont également émis d'astucieuses et spirituelles opinions sur l'enfance, mais nous vous les épargnerons, amis lecteurs, car sincèrement, tout cela ne présente aucun intérêt. Qu'on le veuille ou non, l'enfant, comme le Masque de fer ou le trésor caché de Raspar Kapac, demeure une des plus mystérieuses énigmes de la Création. Au fond, que sait-on, que peut-on dire de lui ?

Quelques vérités qui font peur

L'enfant, c'est sûr, est un futur adulte, et à ce titre il a droit à toute notre estime, à tout notre respect, et même à une certaine dose de sympathie. Mais l'enfant est également un ancien bébé. Eh oui ! Le charmant poupon rose et joufflu qui, hier encore, régurgitait des flots de lait sur vos genoux s'est mué vers la troisième année de sa vie en une créature hybride qui court dans votre appartement en hurlant. Rappelons en outre, s'il est besoin, que le bébé était lui-même directement issu de sa mère, c'est-à-dire d'une femme, créature imprévisible et fantasque par excellence ! Femme, bébé, une double hérédité bien lourde, il faut l'avouer ! Pas étonnant qu'avec un pareil bagage, l'enfant soit convulsif, trépignard et somme toute extrêmement pénible.

2. DESCRIPTION PHYSIQUE

Les enfants — et c'est un sacré morceau de chance — sont aisément identifiables. Généralement de petite taille, ils ne sont guère âgés. Dix ans maximum, environ. Les enfants de petite taille âgés de trente ans ou plus sont appelés nains. Les enfants de grande taille âgés de trente ans ou plus sont appelés grands enfants (Américains).

Au physique, les enfants présentent de nombreuses caractéristiques communes. Ils sont mal coiffés. « Comme avec un pétard » serait l'expression juste. La plupart du temps, ils sont essoufflés. Ils ont les yeux

Apprenez à les reconnaître

Fig. 1 : L'enfant

Fig. 2 : Le nain

rouges (pleurs), la gorge rouge (angine), les joues rouges (gifles). Le menton est d'ordinaire gluant, le nez morveux, croûteux, dégoûtant, les mains sales et les doigts collants.

Triste spectacle; diriez-vous. Eh bien non. Le plus extraordinaire, avec tout ça, c'est que les enfants sont mignons. Car ils sont mignons. Mais si. Les nôtres, en tout cas. Et c'est pour cela que nous les aimons tant.

Un distinguo classique

Il existe, après observation plus fine, deux grands types d'enfants : le garçon et la fille.

La fille porte une jupe et des tresses et joue avec des poupées Barbie, le garçon met son doigt dans son nez, rigole bêtement et admire les footballeurs. On voit que les deux se valent.

Que nos lecteurs les plus naïfs perdent immédiatement tout espoir : le garçon et la fille s'ignorent royalement.

Apprenez à les reconnaître

Fig. 1 : Le garçon

Fig. 2 : La fille

Aucun espoir de diversion à attendre de ce côté-là. Le terme de « quille à la vanille » utilisé par les uns n'a d'égal à cet égard que le redoutable « gars au chocolat » répliqué avec force par les autres, et ceci dès la moindre tentative de rapprochement. C'est d'ailleurs à cela qu'on reconnaît un enfant. Un beau jour, le garçon se met à bredouiller, se cogne dans les portes et perd l'appétit. La fille soupire, rougit, glousse avec ses copines. Ce jour-là, parents amis, le bout du tunnel n'est plus loin. Mais nous n'en sommes pas encore là. Oh non.

Cas particulier

Il importe de savoir distinguer l'enfant de l'infant. Outre le fait que l'infant est vêtu de velours rouge brodé de fils d'or, on le voit le plus souvent accompagné de lévriers, d'une duègne lugubre et de deux Grands d'Espagne, fiers, ombrageux et cambrés, la main posée sur la garde de leur épée de Tolède. L'enfant est, lui, flanqué de deux parents anodins, vêtus chez *Mille chemises* et chaussés chez *André*.

Apprenez à les reconnaître

Fig. 1 : L'enfant Fig. 2 : L'infant

Tout à fait quelconques, dirions-nous. Mieux vaut donc avoir un infant qu'un enfant. Plus classe. Malheureusement, c'est là une joie qui est refusée à la plupart d'entre nous, à moins d'être roi d'Espagne. Préalable obligé. Si vous n'êtes pas le roi d'Espagne, contentez-vous de votre rejeton, c'est tout ce que vous méritez.

3. COMPORTEMENT ET QUALITÉS MORALES

Tout au long des siècles, des protestations véhémentes n'ont cessé de s'élever contre l'enfant. On a dit qu'il était sale, colérique, brutal, peureux, tyrannique, ignorant, et qu'il envahissait sans arrêt le salon avec ses jouets. Tout cela est parfaitement exact.

Les enfants sont fous

À de rares exceptions près, les enfants se conduisent tous de la même façon incohérente, rigoureusement, comme s'ils s'étaient donné le mot, tiens ! C'est à peine croyable.

En premier lieu, ils sont agités. Ils parlent tout le temps alors qu'ils n'ont rien à dire, sautent à cloche-pied et courent dans la rue en faisant l'avion, les bras écartés. D'autres se prennent pour des voitures. Ils font des bruits horribles avec leur bouche, avec leurs jouets, avec leurs mains, avec tout ce qu'ils touchent, avec tout ce qu'ils cassent, c'est infernal ! Les enfants sont fous ! Ils se mettent les doigts dans le nez, comme les automobilistes ! Certains, particulièrement paranoïaques, rasent les murs, brandissent des pistolets en plastique et tirent sur des ennemis invisibles. Parfois même affirment-ils qu'il s'agissait d'Indiens. D'Indiens ! En pleine ville ! En plein XXe siècle ! Vous vous rendez compte ?

Et ce n'est pas tout ! Il y a encore des enfants qui se contorsionnent sur les trottoirs pour ne pas marcher sur les lignes des pavements. D'autres répètent inlassablement, mot à mot, ce que vous dites, et s'en amusent follement ! C'est ridicule !

LE GRAIN DE SEL DE LAURENCE PERNOUD

Normalement, un enfant fait du bruit, fait des taches et s'écorche.

Dès que vous leur faites la moindre observation, ils croisent les bras et boudent. Souvent même se mettent-ils à pleurer, comme ça, devant tout le monde. C'est infernal ! Les enfants ont un comportement grotesque. Insensé. LES ENFANTS ONT UN COMPORTEMENT INFANTILE !

En définitive, pourquoi font-ils tout ce qui est en leur pouvoir pour nous rendre fous de rage ? On l'ignore, pas plus qu'on ne sait à quel âge précis ils sont le plus redoutables, ni si les filles sont pires que les garçons ou l'inverse. Ce qui est sûr, c'est que dans l'ensemble, toute la bande a très mauvaise presse. Très, très mauvaise. Quand on dit à un adulte : « Ne fais pas l'enfant, Roger », c'est que l'adulte en question (Roger) était quand même sur le point de faire une sacrée connerie. Mais si ! Allons donc !

De plus, il faut savoir qu'aux yeux de la Loi, l'enfant est réputé irresponsable. Ir-res-pon-sable ! C'est dire à quel point on ne peut pas lui faire confiance. Jamais, dans aucun pays, aucun enfant n'a jamais été chef d'État. C'est un signe qui ne trompe pas. Et c'est tant mieux, parce qu'on n'ose pas imaginer ce qui se serait passé en juin 40, par exemple, si la France avait été gouvernée par un enfant. À tous les coups, on aurait eu droit à une sacrée débâcle !

Des incompétents totaux

On reste confondu, quand on y pense, devant tout ce que les enfants ne savent pas faire :
— Manger proprement.
— S'amuser sagement.
— Discuter gentiment.
— Répondre poliment.
— Travailler.
— Jouer au bridge.
— Extraire une dent de sagesse.
— Traduire un texte en albanais (même simple).
— Déclamer une œuvre de Corneille.
— Caler un document offset sur une flasheuse B130-600D.
— Poser du carrelage.
— Fumer un quartier de bœuf.
— Ceinturer un forcené.
— Piloter un jet.
— Désamorcer une mine.

Songez que dans leur immense majorité, les enfants sont incapables de conduire une voiture ! Incapables de s'habiller tout seuls ! Certains ne savent pas lire ! Pas même ce livre, qui pourtant leur est consacré !

LES ENFANTS SE FOUTENT-ILS DU MONDE ?

Des empêcheurs de tourner en rond

Le tableau a déjà de quoi faire frémir, mais ce n'est pas fini. Avez-vous également réfléchi à tout ce qu'on ne peut pas faire en présence d'un enfant ? Hein ? Y avez-vous réfléchi ?

— Lire son journal.
— Écouter de la musique.
— Se concentrer sur une émission de télévision.
— Avoir une conversation sérieuse avec des amis.
— Avoir une conversation détendue avec des amis.
— Avoir une quelconque putain de conversation avec qui que ce soit.
— Donner le mauvais exemple.
— Réussir son drive au départ d'un parcours de golf.
— Composer une sonate.
— Ouvrir des huîtres.
— Déboucher un évier.
— Écrire un guide de survie à l'usage des parents.
— Agoniser en paix.
— Beugler des chansons paillardes.
— Raconter des blagues salaces.
— Faire des gestes obscènes.

Ne sont-ce pas des choses plutôt bougrement chouettes dont on doit s'abstenir pour peu qu'un enfant rôde dans le secteur ? Quelque chose comme le sel de la vie ? LES ENFANTS N'EXISTENT-ILS QUE POUR NOUS PRIVER DE TOUTE JOIE ?

4. L'ENFANT, POUR QUOI FAIRE ?

Le bilan global, osons le dire, n'est pas jojo. Tout observateur un tant soit peu impartial en conclurait aisément que l'enfant est une menace, un danger dont il convient de se tenir éloigné. Et pourtant, des enfants vous en avez, nous en avons, tout le monde en a. Alors ?

LES ENFANTS SONT-ILS DE DROITE ?

On le croirait volontiers à en juger par certaines de leurs attitudes : brutalité, goût de la liberté et de la compétition, individualisme confinant à l'égoïsme le plus saumâtre. Mais par d'autres traits, leur altruisme intermittent, leur optimisme immense, leur idéalisme béat, ces mêmes enfants se rattacheraient plutôt à la gauche.
Qu'en est-il vraiment ? Quelles sont leurs opinions réelles ? À notre avis, ils n'en ont guère. Parlez-leur un peu de la question sociale, pour voir, ou de l'échelle mobile des salaires ; vous verrez vite qu'ils n'en ont rien à foutre. En fait, en parfaits irresponsables qu'ils sont, les enfants se désintéressent complètement de la politique. C'est insensé.
Encore une chance qu'ils n'aient pas le droit de vote !

Une raison d'espérer

Enfin, bon sang, pour qu'il y ait autant d'enfants de par le monde, ça doit bien avoir une quelconque utilité, tout de même ! Rien qu'en France, on en a près de 7 millions, c'est-à-dire presque autant que nos 9 millions de chiens, mais un chien on sait à quoi ça sert, tandis qu'un enfant, hein ? Comment espérer en l'Homme si, depuis des siècles, des générations entières de parents se sont saignées aux quatre veines et ont sacrifié leurs plus belles années — c'est du moins ce qu'ont déclaré ces générations entières de parents — dans le seul but d'élever des enfants qui, devenus enfin de grandes personnes comme nous grâce à cette admirable abnégation, se sont empressés de faire à leur tour des enfants au lieu, les malheureux, de profiter de leurs plus belles années, enfants pour lesquels ils se sont eux aussi saignés aux quatre veines ? Hein ? Franchement ? N'y a-t-il donc aucune explication à cet effroyable gâchis de plus belles années ? Existe-t-il au moins quelque Grand Dessein, quelque atavisme primaire au nom duquel les damnées quatre veines doivent à tout prix saigner ? Personne ne peut-il lever le doigt et donner enfin la bonne réponse ? Eh bien si. Et la réponse tient en quelques mots.

L'Homme sacrifie ses plus belles années et se saigne aux quatre veines parce que les enfants sont épatants.

Néanmoins, ne nous attendrissons pas plus longtemps. Souvent dangereux, toujours imprévisibles, les enfants constituent un péril angoissant. D'où ce guide de survie.

Ne vous en séparez jamais, sous aucun prétexte, il peut à tout instant vous sauver l'existence. Au moment où vous vous y attendrez le moins, un enfant peut vous bondir dessus, et alors il faudra réagir, parents amis. Trouver le mot juste, l'attitude appropriée. Maîtriser la situation. La moindre hésitation, la défaillance la plus passagère déclencheront immanquablement chez l'enfant des réactions absurdes, mais forcément redoutables.

Et c'est d'ailleurs pour ça que nous l'aimons tant.

PARENTS ENFANTS

UN DUEL VIEUX COMME LE MONDE !

L'histoire de l'humanité n'est qu'une suite ininterrompue de chocs sourds, de luttes intestines, d'affrontements de peuplades plus incorrectes les unes que les autres : Souabes contre Turcs, Cévenols contre Bas-Alpins, cégétistes contre agents de maîtrise, Syldaves contre Bordures, Huns contre Trois... Triste spectacle !

La nature nous offre-t-elle un meilleur exemple ? Que non pas : langouste contre cobra, chacal contre hyène, lichen contre moisissures, partout ce ne sont que plaques tectoniques se chevauchant dans d'atroces grincements, montagnes s'éboulant sur les plaines, vagues monstrueuses giflant de cyclopéennes falaises !

Autant de combats, autant de batailles, qui ne sont, osons le dire, que roupie de sansonnet. L'affrontement majeur de l'univers, celui qui rabaisse tous les autres au rang de nains bégayant dans la nuit, c'est, chacun le sent confusément, l'effroyable duel parents-enfants.

Un duel vieux comme le monde, disions-nous. Non, sans justesse.

Et pourtant, rien. Pas un livre, pas un film, pas une symphonie pour célébrer ce bras de fer homérique ! Il était grand temps que ce scandale cessât ; il est maintenant cessu.

LES GRANDES ÉCOLES D'ÉDUCATION

Assaillis par les enfants depuis des millénaires, soumis au feu déchaîné des bêtises, des bouderies, des caprices odieux, les adultes, de tout temps, ont élaboré des systèmes de défense. Ce sont ces ensembles de contre-mesures empiriques, de « trucs » grossiers, de parades approximatives conçues et mises en œuvre dans l'urgence de la situation, en quelque sorte sous la pression de la rue, que l'on désigne aujourd'hui sous l'appellation pompeuse de « méthodes d'éducation », et qui, chacune en leur temps, ont prétendu venir à bout des enfants. Laissez-nous rire. Néanmoins, et dans un souci de pluralisme qui nous honore, nous avons voulu vous les présenter toutes. Remarquons préalablement que ce fatras de « remèdes miracles » se scinde en quatre grandes écoles : les éducations permissive, stricte, fusionnelle et énervée. Voyons-les.

L'ÉDUCATION PERMISSIVE

Quoi qu'il fasse, l'enfant « s'exprime », et c'est parfait. Il ne faut surtout pas le contrarier, car ce serait le « traumatiser », « l'amputer quelque part » dans son être, dans sa sensibilité, sa créativité, sa spontanéité, son authenticité, etc. Qu'il brûle un meuble ou qu'il éborgne sauvagement l'un de ses camarades, on n'intervient pas. On ne bouge pas. On ne crie pas. La moindre réaction contraignante, le moindre mot un peu dur risqueraient de faire plus tard du pauvre chéri un adulte complexé, en proie au doute et à la tachycardie, le genre de type qui bigle les filles par en dessous avec un air pas franc.

Il y a une ou deux dizaines d'années, l'éducation permissive connaissait un succès massif aux États-Unis, mais elle avait aussi ses adeptes en France. Relevons que les écrits de l'effroyable Dr Spock, véritable émule du Dr Mabuse, n'étaient pas pour rien dans cet état de fait déplorable. De nos jours, les parents permissifs sont la plupart du temps eux-mêmes d'anciens émeutiers soixante-huitards, des psychologues ou des publicitaires, bref, des gibiers de potence.

L'éducation copain

Sous-genre assez répandu de la méthode permissive, elle consiste à annuler tout rapport dominant-dominé entre l'enfant et les parents.
Ceux-ci refusent d'ailleurs le titre de papa ou maman et se font appeler Raoul et Georgette. C'est consternant. Tôt ou tard, Raoul et Georgette se font traiter de vieux cons et retournent à leur macramé, déçus par la nouvelle génération.

Fils de permissif

L'éducation post-freudienne

L'autre de l'autre n'existe pas ; l'inconscient est structuré comme un langage.
S'appuyant sur ces deux

axiomes, l'éducateur tente de développer le Moi de l'enfant, ou tout au moins de le contrôler, sans briser pour autant son Sur-Moi, ni son Ça, et tout en l'amenant à accepter, en les sublimant, ses pulsions d'agressivité les plus destructives.

Le résultat n'est pas garanti.

L'ÉNIGME DU Dr FITZHUGH DODSON

L'enseignement prodigué aux animaux est tout à fait semblable à celui des humains, bien que ces derniers soient plus « humains ».

LE CONSEIL DES AUTEURS
Il faut cesser de boire, Fitzhugh...

L'éducation inconsciente

Permissive en diable, cette méthode laisse à l'enfant le libre-arbitre de ce qui est dangereux ou pas. « Quel casse-cou ! » s'écrient, admiratifs, les parents en voyant leur rejeton traverser la rue en courant. « Cet enfant a du caractère », murmurent-ils lorsqu'il insiste pour jouer avec le fer à repasser.

Il n'est pas rare que les adeptes de cette méthode intéressante mais pleine d'imprévus finissent leurs jours en prison.

L'absence d'éducation

Sommet incontesté de la méthode permissive, l'absence totale d'éducation séduit un nombre sans cesse croissant de parents. En effet, la mise en œuvre de cette technique est des plus simples : inutile de se cogner de longs et fastidieux ouvrages de pédiatrie, foin des doutes, questions et autres angoisses que génèrent immanquablement les autres méthodes, puisque celle-ci consiste justement à ne rien faire ! Adoptée avec enthousiasme par les parents débordés (trop de travail, excès de cholestérol), l'absence d'éducation n'est hélas qu'une phase transitoire. Tôt ou tard, ses adeptes renoncent en effet à cette technique trop aléatoire, et confient leurs enfants à un établissement spécialisé (voir paragraphe suivant).

L'ÉDUCATION STRICTE

À l'opposé de la précédente, l'éducation stricte repose sur un postulat assez séduisant : l'enfant est l'Esprit du Mal, on peut toujours compter sur lui pour faire le contraire de ce qu'il faudrait.

On le voit, l'éducation stricte découle d'une observation tout à fait pertinente de l'enfant. Son application est, en outre, des plus simples, puisqu'elle consiste à *tout* interdire au sujet concerné, à imposer une discipline rigide de chaque instant et à sanctionner tout manquement au règlement par l'usage sévère mais juste d'une gamme de punitions plus ou moins étendue selon les sous-genres. Quoiqu'en perte de vitesse, l'éducation stricte reste extrêmement populaire auprès des parents, et cela un peu partout dans le monde.

L'éducation nippone (ni mauvaise)

L'enfant japonais est élevé sous le double signe enthousiasmant du « samouraï » et du « banzaï ». S'il ne réussit pas à être le premier de la fourmilière, il se suicide, et c'est toujours ça de gagné pour les économies occidentales. Néanmoins, il ne faut pas oublier que les Nippons sont arrivés à pied par la Chine, et que c'est quand même un bel exploit.

L'éducation sicilienne

On apprend à l'enfant à se taire à table. À l'école. Devant son père. Devant ses frères. Et surtout devant la police. Il en résulte un délicieux silence, seulement rompu par les rafales de mitraillette tirées contre le palais de justice de Palerme.

L'éducation anglaise

Affublé d'un bermuda de flanelle, d'un blazer, d'une cravate aux couleurs de l'école et d'une casquette ridicule, l'enfant est placé dans une institution de style gothique. De vénérables vieux birbes s'efforcent de lui enseigner l'art d'être un gentleman, c'est-à-dire, par exemple, comment ne pas péter à table. Tant que l'enfant se tient à carreau, on lui tape amicalement dans le dos et il a même le droit de faire partie de l'équipe de cricket ; en revanche, à la moindre sottise, de solides vieux coups de trique s'abattent sur le bas du blazer.

C'est cruel, mais éduqué de cette manière, l'enfant finit invariablement par devenir un as de la R.A.F., un fameux chic type flegmatique et plein d'humour, capable de reconnaître soixante-treize marques de whisky les yeux fermés, et tellement bien élevé qu'il fait semblant de ne pas remarquer quand on pète à table.

L'éducation anglaise est très chouette.

Fils de strict

L'éducation snob

Devenus des signes extérieurs de réussite, les enfants de snobs se tiennent bien à table, apprennent à jouer du piano et déambulent en robe à smocks ou en culotte de Tergal gris. Ils vouvoient leurs parents. Le dimanche, Père les embrasse sur le front, ou leur tapote le crâne, si la Bourse est en hausse. Il arrive de temps à autre qu'un enfant de snobs craque nerveusement et finisse dealer de colle à Vaux-en-Velin.

L'éducation suédoise

Spécialement recommandée aux jeunes gens mal dégrossis : tout commence d'ordinaire au sauna avec la maîtresse de maison, puis c'est une cavalcade friponne dans la neige glacée, sur deux ou trois cents mètres, et, enfin, pour conclure, l'étreinte torride entre les conserves de hareng, sur le lit rabattable Ikéa modèle Goteboërg.

L'éducation unisexe

Souvent adoptée par nos amis babas, l'éducation unisexe consiste non seulement à nier les particularités garçon-fille, mais à les prendre strictement à contre-pied. Ainsi le jeune garçon se voit-il offrir une poupée pour Noël, joue-t-il à la marchande et se fait-il traiter de tante à l'école. Le garçon revient à la maison et demande à sa mère ce que ça veut dire. La mère se fâche et va voir la maîtresse. Ça fait des histoires.

La petite fille, pendant ce temps, joue au cow-boy et tape sur les garçons qui embêtent son petit frère.

Parvenus à la majorité, le petit garçon ouvre un salon de coiffure et sa sœur fait du catch. Les parents s'interrogent.

L'éducation nationale

Tous les pays peuvent se vanter d'avoir la leur, mais la vraie, l'authentique, l'énorme, l'indiscutable, c'est la nôtre. Une formidable Armée rouge de pédagogues, un prodigieux réservoir à grévistes, une gigantesque machine à broyer les jeunes ! Compte tenu du nombre effroyable d'enfants dont l'Éducation nationale doit s'occuper (plusieurs millions !), on ne s'étonnera pas qu'elle soit perpétuellement en crise.

L'OPINION DE FRANÇOISE DOLTO

Apprendre à tricoter, à coudre, à habiller des poupées, à faire des gâteaux, c'est cela, éduquer un enfant.

LA QUESTION DES AUTEURS
Et si c'est un garçon, Françoise ?

L'éducation chrétienne

Une éducation dans, par, pour, avec, près, en, tout contre, sur, sous et à côté du Christ. Ainsi soit-il.

L'éducation yougo

Pris en main très tôt, l'enfant apprend à se glisser par l'étroit soupirail, à s'orienter silencieusement dans la maison endormie et à ouvrir à l'oncle Petrovitch. C'est très rentable.

L'éducation spartiate

Système aujourd'hui oublié, mais très en vogue dans l'Antiquité. Dès son plus jeune âge, l'enfant était enlevé à sa famille pour être confié à une organisation du genre Jeunesses communistes, Waffen S.S. ou Club Méditerranée. C'est là qu'il était éduqué par des chefs authentiques et austères, dans le respect de valeurs clairement définies. Rude école, en vérité. L'enfant n'avait le droit d'emporter avec lui ni son walkman, ni son skateboard, ni sa console de jeux Nintendo ! De plus, il allait presque nu, été comme hiver, et chaque jour il avait droit au même frugal et unique repas composé d'olives sèches, d'un souvlaki rance et d'une demi-tranche de feta ! Le tout servi sans ketchup !

De nombreux parents déploreront la disparition de l'éducation spartiate, et nous les comprenons. Mais on ne peut revenir au passé. Le mot de spartiate n'évoque déjà plus de nos jours qu'une nostalgique sandale de cuir. L'éducation spartiate, en somme, aura été celle par qui la sandale arrive.

L'ÉDUCATION FUSIONNELLE

Angoisse, stress et panique sont les maîtres mots de la méthode. Il s'agit de neutraliser l'agitation de l'enfant par une agitation supérieure à la sienne, d'entretenir autour de lui une constante atmosphère de peur, de lui démontrer que le danger est partout et de hurler « Attention ! » dès qu'il bouge. Si le matraquage dure assez longtemps (entre huit et douze ans), l'enfant est définitivement brisé. Il capitule et devient obèse. Les parents peuvent alors vivre à travers lui, se prendre pour lui et continuer à le gaver d'œufs durs et de carpe farcie, tout en lui imposant les leçons de piano auxquelles eux-mêmes ont échappé quand ils étaient gosses. C'est extrêmement dur.

On le sait, la mère juive est spécialement douée pour l'éducation fusionnelle, mais elle est loin d'être la seule. La mère algéroise se défend assez bien dans le genre, et également la mère des îles Fidji (où les leçons de piano, bien sûr, sont remplacées par des cours de yukulélé).

L'éducation spéculative

Investir pour l'avenir, tel est l'objectif des adeptes de cette méthode, qui comptent sur la réussite sociale future de leur rejeton pour assurer leurs vieux jours, voire pour grignoter quelques miettes de sa gloire. Comme ils se plaisent à le rappeler fréquemment à l'enfant tout au long de sa vie et plus particulièrement lorsqu'il est devenu grand, les parents spéculateurs se sont « saignés aux quatre veines » pour obtenir ce résultat. La manœuvre est cependant délicate, car si le vieux refrain est seriné une fois de trop, l'enfant peut soudain se découvrir une vocation de carmélite, de visiteur de prison ou d'instituteur. Et toute la spéculation est fichue par terre. C'est rageant.

L'éducation bilingue

Épatante méthode permettant de préparer l'enfant au grand brassage européen, l'éducation bilingue épargne à l'enfant le long et hasardeux apprentissage scolaire d'une langue étrangère. Au lieu de se contenter bêtement d'utiliser le français, les parents s'adresseront à leurs enfants en mélangeant habilement plusieurs idiomes.

Exemple n° 1, le franglais :
— Prends ton walkman et ton bicross, on va passer le week-end chez mammy, O.K. ?

Exemple n° 2, le frallemand :
— Achtung ! Si tu n'as pas geschloss ton Arbeit dans une heure, tu seras verboten d'inspecteur Derrik à la télé ! Verstand sie ? Schnell !

Exemple n° 3, le fralbanais :
— Thömajek ! Viens shkodjatillitz ton Fühdjash aux carottes que mutji a préparé, il va refroidir !

Exemple n° 4, le frturc :
— Kürülü mijziac kouschar ton vélo bénech glück à table bakkal une carotte ?

La plupart des parents se contentent du franglais. Nous les approuvons.

Fils de fusionnel

L'éducation sentimentale

Vieux bouquin (assez bien écrit) de Flaubert Gustave. Il y est fort peu question d'enfants, ce qui ne gâche rien.

L'éducation exaltée

Dernier degré de la méthode fusionnelle, l'éducation exaltée est un don. Inutile d'essayer de l'acquérir, même par autosuggestion, ça ne marchera pas. Si vous trouvez que vos enfants sont les plus beaux, les plus intelligents, et les plus spirituels, si vous êtes persuadés qu'ils ont l'oreille musicale et qu'ils dessinent mieux que leurs petits camarades, vous êtes des exaltés. C'est très bien. Nous vous envions.

LE COUP D'ÉPINGLE DE LAURENCE PERNOUD

Pour élever un enfant, il faut être persuadé qu'il sera le sauveur de l'humanité. Un père, une mère peuvent le croire.

L'ASSENTIMENT DES AUTEURS
Surtout s'il s'appelle Jésus, Laurence. Surtout s'il s'appelle Jésus !

L'ÉDUCATION ÉNERVÉE

Le père crie, la mère crie, les enfants crient, les voisins crient, et ce sont les injures, les objurgations, les imprécations frénétiques, les portes qui claquent et les claques qui portent.

Fils d'énervé

Accessibles à tous, faciles à appliquer, ces quelques principes comptent d'innombrables fervents à travers le monde, et principalement chez nous. L'éducation énervée est par excellence celle de notre époque.

LE CONSTAT DU Dr BRAZELTON

Il y a des moments où les enfants ont le don de nous mettre hors de nous.

LA PRÉCISION DES AUTEURS
Il n'y a pas que les enfants, Bob. C'est vrai aussi des bonnes femmes.

Les Cahiers de l'IREP

Institut de Recherches sur l'Endurance Parentale

27, rue du Colonel Boudarel - Niort

CROIRE-OSER-PERSEVERER

Insititut fondé en 1897

Gaston Soupard

Cedric Rondel

Expérience n° 89. Melbourne, 11 juin 1926.
Archivée 89/A6/folio 27.

Sujet : M. John Fairchild, 47 ans, directeur financier de la Smiling Dwarves Inc., parent de deux enfants.
Objet : Le sujet s'est engagé à rédiger un rapport financier tandis que trois enfants, dont les deux siens (John Jr, 11 ans, et Cathy, 14 ans) lancent des billes sur un toit de tôle ondulée disposé à 2,50 m de lui, au rythme de 30 à la minute.
Coût : Nous avons versé 7 $ à M. Fairchild.

DÉROULEMENT DE L'EXPÉRIENCE

14 h 22 — La première bille frappe la tôle. Elle met 5 secondes à rouler jusqu'à terre.

14 h 27 — Les chercheurs de l'I.R.E.P. se munissent de boules Quiès.

14 h 31 — Le sujet donne des signes d'extrême agitation. Son rapport financier est constellé de gouttelettes de sueur.

14 h 33 — Écriture altérée. Rictus de haine. Le sujet a déjà commis deux erreurs de calcul monumentales dans son rapport.

14 h 58 — Le sujet brise son crayon. Les enfants

hésitent, mais nos hommes les encouragent à garder le rythme. L'expérience dure depuis 36 minutes et 1 080 billes ont déjà frappé la tôle.

15 h 02 — Surprenant tout le monde, le sujet bondit de sa chaise et projette le petit John Jr sur la tôle. Hémorragie. Les deux autres enfants fuient en hurlant. Des sirènes de police se font entendre, les voisins ont dû parler. Les chercheurs de l'I.R.E.P. s'esquivent à temps.

ANALYSE

Les parents résistent mal aux billes frappant la tôle.

LES DIX RÈGLES D'OR

On le constate, ce ne sont pas les méthodes d'éducation qui manquent. Mais alors, direz-vous, laquelle choisir ? Laquelle est la meilleure ? Amis lecteurs, la tragique vérité tient en un mot : aucune. Il n'y a pas de recette magique pour juguler l'enfant. Il n'y a pas de grand système infaillible qu'il suffirait d'appliquer pour avoir la paix. Pire : la même éducation, selon qu'on l'applique à tel ou tel individu, peut produire des résultats absolument contraires ! L'exemple classique en la matière reste celui de Joseph Staline et de François Bréchond. Tous deux, on le sait, ont été élevés de manière rigoureusement semblable, et pourtant, il serait ridicule de prétendre que Joseph Staline et François Bréchond ont connu le même destin.

JOSEPH STALINE ET FRANÇOIS BRÉCHOND N'ÉTAIENT PAS LE MÊME STYLE D'HOMMES !

L'AVIS DE LAURENCE PERNOUD

Comment savoir ? Quand dire oui ? Quand refuser ? Très délicat : il n'y a ni règles ni recettes. Tout dépend de l'enfant.

LA RÉPONSE DES AUTEURS
Mais on vient de le dire, Laurence ! Il faut suivre, quand même !

Plutôt que de s'en tenir aux préceptes d'une école d'éducation unique, de nombreux parents préfèrent passer de l'une à l'autre en fonction de leur humeur, ou selon les besoins du moment. On ne saurait leur donner tort. Mis à part le bruit, qui reste constant, la journée passée auprès d'un enfant présente une infinité de situations complexes, voire contrastées, qu'il serait stupide d'aborder dans le même état d'esprit. Dès lors, si votre fillette insiste pour ranger sa chambre, pourquoi ne pas vous montrer permissif ? De même si elle décide de prendre un bain ! Ou de faire ses devoirs ! À l'inverse, si deux heures plus tard vous surprenez la même enfant en train de confectionner un cocktail Molotov et de le lancer sur l'immeuble voisin, vous êtes en droit, madame, de faire preuve d'autorité. Soyez stricte, dans un tel cas !

En période de disette, de guerre ou de pandémie grave, ou bien si la famille réside par exemple à bord d'un sous-marin nucléaire, l'éducation stricte s'impose. Chaque chose à sa place et Dieu pour tous ! Toutefois, à chaque escale, dans un souci d'équilibre nerveux, il conviendra de laisser l'enfant se défouler à fond dans une franche atmosphère de foutoir (voir *Éducation nationale*).

Les parents pauvres, il y en a, opteront pour l'éducation spartiate. Ils pourront ainsi masquer d'un voile stoïque leur dramatique absence de pognon. Mais cela ne les empêchera pas, dès réception de l'allocation chômage, d'organiser des bamboulas de pur style permissif, avec Ricard même pour les gosses ! Pareillement, le guerrier Bambouré, qui ne peut compter sur un vol bihebdomadaire direct pour Oxford ou Cambridge, renoncera avec sagesse à l'éducation anglaise. Mais il n'abandonnera pas pour autant tout recours au châtiment corporel, et bien souvent les jeunes Bamhourés farceurs connaîtront le rude contact de la tige de bananier sur leurs épaules d'ébène !

Si votre fils a de bons résultats à l'école, monsieur, ou

s'il remporte un premier prix de flûte à bec au conservatoire du quartier, ou s'il sauve un chien de la noyade au bord d'un étang gelé, la veille de Noël, et que cela lui vaut un article dans la presse locale et même un reportage sur FR3-Guyenne, il n'y aura aucune honte à jouer les pères fusionnels. Après tout, si le petit est un héros, n'est-ce pas à vous qu'il le doit ? N'empêche, vous pourrez légitimement être très énervé si la semaine suivante il perd sa cagoule à l'école pour la troisième fois dans le trimestre ! Et plus encore, monsieur, s'il perd VOTRE cagoule.

Ainsi, comme l'abeille butine les fleurs d'acacia à chaque renouveau du printemps, ainsi, comme on mène les troupeaux tintinnabulants vers l'alpage, chacun, depuis toujours, voit midi à sa porte. Et c'est tant mieux.

***

Quel que soit, parents nos frères, le mode d'éducation pour lequel vous avez opté ou quelle que soit votre ingéniosité à panacher les genres, il y a, dans l'art d'élever les enfants, un certain nombre de règles à connaître. Dix exactement. Dix règles que nous n'hésiterons pas à qualifier d'intangibles. Dix règles d'or. Et comme vous avez fait l'effort d'acheter ce livre, somme toute coûteux vu son contenu, ces dix règles d'or, nous allons vous les révéler ! Tel quel ! Car avec nous tout est parfaitement clair : c'est donnant-donnant.

Règle n° 1 : on ne déposera pas dans l'assiette de l'enfant des aliments impurs, répulsifs ou impropres à la consommation.
Genre légumes, poisson, fromage.

Règle n° 2 : on ne forcera pas l'enfant à finir ce qu'il a dans son assiette.
Même si c'est du foie de veau, et que ça a coûté une fortune, et qu'il ne bouffe vraiment rien, ce môme, merde à la fin !

Règle n° 3 : on ne se querellera pas en présence de l'enfant.

Même en voiture. Et même, monsieur, si madame est totalement infoutue de vous indiquer la route, et qu'elle ne sait pas lire une carte, et qu'en plus elle est très désagréable, et qu'il pleut tellement qu'on voit que dalle, et que ça braille à l'arrière, et que si vous auriez su vous n'auriez jamais accepté ce week-end à la c... de m... de p... chez les Favrault.

Règle n° 4 : on ne battra pas sa femme devant son enfant.

Bien qu'appréciant les séries ultra-violentes à la télévision, le petit être a besoin de sentir sa famille unie autour de lui. Monsieur, attendez qu'il soit couché pour balancer vos patates.

Règle n° 5 : on ne battra pas son enfant devant sa femme.
Mue par un instinct maternel exacerbé, madame ne manquerait pas de prendre la défense du jeune martyr, et ce serait vite une prise de bec généralisée. Alors à quoi bon ?

Règle n° 6 : en cas d'échange de coups de feu, l'un des parents au moins conduira l'enfant dans une pièce abritée.
L'autre, pendant ce temps, videra ses chargeurs pour le couvrir.

Règle n° 7 : on ne se moquera pas d'un enfant qui tombe, et l'on s'abstiendra de provoquer sa chute.
En nouant l'un à l'autre, par exemple, les lacets de ses baskets. Une blague vieille comme le monde, mais toujours tordante !

Règle n° 8 : on ne mentira pas à l'enfant.
Même s'il s'agit de lui faire gober qu'une piqûre de pénicilline en pleine fesse n'est pas douloureuse. L'enfant qui n'a plus confiance en ses parents est comme un cheval fou qui erre dans la nuit : tôt ou tard, il devient un coyote.

Règle n° 9 : on ne s'accouplera pas comme des bêtes sous les yeux de l'enfant.
L'enfant certes est né d'un accouplement, mais il ne s'en souvient pas. Inutile de le lui rappeler.

Règle n° 10 : on ne proférera pas d'injures à caractère raciste ou xénophobe devant l'enfant.
Même si un youpin ou un bougnoule s'est montré incorrect.

Règle n° 11 : on s'efforcera de présenter à l'enfant une irréprochable image de probité et de droiture.
Plus de petit vol crapuleux au bureau, monsieur ; plus de jupes haut relevées sur les cuisses devant les

voisins, madame. La condition parentale réclame tout de même un minimum de dignité, quoi !

Règle n° 12 : on ne montrera jamais à l'enfant qu'on a peur de lui.
D'instinct, le petit être le sentirait, et cela décuplerait ses capacités d'agression.

Règle n° 13 : on adoptera à l'égard de l'enfant une attitude d'écoute dynamique.
Nous aurons l'occasion de revenir plus tard sur ce qu'est précisément l'écoute dynamique, mais sachez dès à présent que c'est pour nous quelque chose de merveilleux, d'épatant, la clé de voûte en quelque sorte de toute éducation un tant soit peu valable. Pigé ?

On s'en rend compte, les dix règles d'or sont au nombre de treize. Mais n'en doutez pas, si Dieu avait eu un enfant, ce sont ces commandements-là qu'il n'aurait pas manqué de remettre à Moïse sur le mont Sinaï. Faites-les vôtres, amis lecteurs, et vous aurez au moins une sacrée bonne chance d'avoir un enfant bien élevé. Ce qui vaut tout de même mieux que de se casser une patte en roulant dans un escalier.

VOTRE ENFANT EST-IL VRAIMENT BIEN ÉLEVÉ ?

Depuis la plus haute Antiquité, le rêve de tout parent a été de bien élever ses enfants. Et même avant. Les hommes des cavernes, ce fait est trop souvent méconnu, tenaient beaucoup à ce que leurs enfants soient polis. C'était comme ça. Avec eux, d'ailleurs, tout était poli. Même les pierres. Surtout les pierres. Ceux qui n'étaient pas polis n'avaient qu'à se tailler.

Avec le temps, les louables principes des hommes préhistoriques ont-ils disparu ? Théoriquement, non. Et pourtant, on ne compte plus les enfants geignards, capricieux, morveux, stupides, abrutis, voleurs, menteurs, pénibles, bref, mal élevés. Ou plutôt malpolis.

Car il y a une nuance, que nous avons voulu illustrer grâce au concours de deux sujets, pris au hasard lors d'un goûter d'anniversaire.

ÉTUDE N° 1

Sujet : Raoul Z., sept ans.

Le petit Raoul, vêtu d'un jean's troué aux genoux et d'un sweat-shirt vert Tortues Ninja, est accueilli par la maman du petit Nicolas, dont c'est l'anniversaire.

— Il est là, Nico ?

— Eh bien oui... Il est dans sa chambre, avec ses autres camarades...

— Alors pousse-toi, ta ! J' lui ai amené le destructo-laser de Captain Bad. T'as vu ? C'est chié, hein ?

— Oui. C'est effectivement un très beau cadeau. Enfin je crois. Allez, va jouer, maintenant.

— Ah ouais, d'ac, on va s'éclater la chetron, bordel.

Analyse : Le petit Raoul est malpoli.

ÉTUDE N° 2

Sujet : Agathe W., six ans et demi.

La jeune Agathe est vêtue d'une robe à smocks. Elle porte dans les cheveux une barrette agrémentée d'un petit nœud rose et aux pieds des socquettes blanches et des souliers vernis. En arrivant au goûter d'anniversaire, elle a offert à son petit camarade un puzzle éducatif. Retrouvons Agathe une heure plus tard.

— Madame, je vous prie de m'excuser de vous déranger...

— Oui ma petite fille ? Qu'est-ce qu'il y a ?

— Je voulais juste vous signaler que j'ai malencontreusement détruit votre vase de Chine (dynastie Bling) en projetant dessus l'une de vos ravissantes chaises Louis XII. Les débris du vase se sont répandus sur le sol et ont entaillé assez grièvement la voûte plantaire de Nicolas, que je poursuivais avec la chaise, afin de l'assommer. En ce moment même, Nicolas saigne abondamment sur votre très belle moquette de laine vierge. Je suis vraiment désolée, madame.

Analyse : La jeune Agathe est très polie. Mais l'inviterez-vous à nouveau ?

Tout le problème est là. La politesse est un masque, qui dissimule parfois d'épouvantables personnages. Un enfant trop poli ne peut pas être honnête. UN ENFANT POLI EST UN DANGER POUR LA SOCIÉTÉ.

D'ailleurs, l'Histoire regorge d'individus extrêmement civils dans leurs manières, mais dont les actes se sont révélés décevants, du point de vue de la bonne éducation. Ainsi le chancelier Hitler, toujours propre sur lui, bien peigné, la raie sur le côté, et qui ôtait systématiquement sa casquette pour aider les petites vieilles à traverser. Songerait-on à féliciter Frau Hitler pour la bonne éducation qu'elle a donnée à son fils ? De même Désiré Landru, un homme très courtois, à la chemise toujours impeccablement amidonnée, jamais un mot plus haut que l'autre... De même le général Cambronne. Non. Pas le général Cambronne. Le général Cambronne, c'est bien connu, était un grossier personnage. D'accord, il s'adressait à des Anglais, et on ne peut donc véritablement lui tenir rancune de ses écarts de langage, mais tout de même. Du coup, et c'est à noter, Cambronne a perdu sa bataille, c'est bien fait pour lui.

La politesse est à ce point superficielle que ses manifestations diffèrent notablement d'un bout à l'autre de la planète. Ainsi les Français ôtent-ils leur chapeau en présence d'une dame (parfois même ils ôtent tous leurs vêtements, si la dame est véritablement une intime) et se servent-ils d'un verre à liqueur pour boire leur calva. Les Allemands saluent en raidissant le bras et en claquant des talons, ce qui est mal vu dans la plupart des autres pays. Les Marocains rotent bruyamment pour remercier la maîtresse de maison à la fin du repas. Les Kirghizes urinent au milieu de la yourte pour honorer la venue du nouveau-né. Les Turcs utilisent pour cela un simple trou dans le sol, appelé *chiotala*. Les Bororos se mouchent dans les rideaux. Les Tahitiens remuent le ventre en proférant des onomatopées gutturales. Et tout cela est très poli !

On voit tout de suite le caractère éminemment subjectif de la politesse. Alors ? Faut-il pour autant renoncer à toute règle de savoir-vivre, quoi, merde ? Certainement pas. Car une totale absence de politesse vous fait vite passer pour un mauvais sujet. Nous n'avons rien contre les mauvais sujets, que nos lecteurs mauvais sujets se rassurent. Nous avons été nous-mêmes de fort mauvais sujets dans notre enfance, à en croire nos parents, et nous gardons pourtant de cette époque d'excellents souvenirs. Néanmoins une telle étiquette peut être préjudiciable, voyez ce pauvre Cambronne, et doit être évitée dans la mesure du possible. C'est pourquoi, avant d'aborder dans le chapitre suivant les grands principes d'éducation qui nous paraissent fondamentaux, nous vous proposons une liste de ce qui nous a semblé être vraiment trop malpoli pour être admissible :

— Couper de la salade avec un couteau.
— Dire « Je m'excuse » au lieu de « Je vous prie de m'excuser ».
— Bousculer une vieille dame pour prendre une place assise dans le métro.
— Coller son chewing-gum sur la tête d'un nain.
— Dire « Merde, chié, bordel à queue, putasserie de merde, zut ».
— Garder ses gants pour serrer la main d'une femme.
— Péter pendant la minute de silence.

— Vomir sans mettre sa main devant sa bouche.
— Mettre son doigt dans son nez en présence d'un évêque.
— Mettre son doigt dans une prise de courant.
— Mettre son doigt dans une porte, puis la claquer.
— Mettre son doigt n'importe où.
— Ne pas dire merci à maman quand elle prépare le goûter.

Ces actes absolument odieux ne doivent pas être tolérés. Sous aucun prétexte. Pas même une fois, pas même si vous êtes fatigués. Les enfants, on leur donne ça, ils prennent ça, c'est bien connu. Laissez, ne serait-ce qu'une fois, votre enfant coller son chewing-gum sur la tête d'un nain, et il finira au bagne.

C'est dur, mais c'est comme ça.

Les Cahiers de l'IREP

Institut de Recherches sur l'Endurance Parentale

27, rue du Colonel Boudarel - Niort

CROIRE-OSER-PERSEVERER

Insititut fondé en 1897

Gaston Soupard   Cedric Rondel

Expérience n° 108. Amsterdam, 13 mars 1934.
Archivée 108/K43/folio 87.

Sujet : Mme Greta Van Der Schnitzel, 38 ans, ménagère, mère de deux petites filles.
Objet : Le sujet s'est engagé à apprendre à ses deux filles (Lopke, 7 ans, et Muchke, 9 ans) à confectionner un Zuiderzee aux pommes.
Coût : Nous avons fourni les pommes.

DÉROULEMENT DE L'EXPÉRIENCE

9 h 30 — Le sujet et ses deux filles commencent à peler les pommes. Le moral semble excellent.

9 h 31 — La petite Lopke se tranche le doigt. Les hurlements sont tels que les chercheurs de l'I.R.E.P. se munissent de boules Quiès.

9 h 40 — La petite Muchke tire les cheveux de sa sœur, qui a mangé un quartier de pomme qu'elle venait de peler. Le sujet donne des signes de nervosité.

9 h 51 — La petite Muchke éternue dans la farine. La petite Lopke se met à pleurer, parce qu'elle en a dans les yeux. Les chercheurs de l'I.R.E.P. mettent leurs masques à gaz. Le sujet tape dans le tas en hurlant et parvient à ramener le calme.

10 h 01 — La petite Muchke se brûle la main sur la

gazinière. La petite Lopke dérape sur un morceau de margarine et chute sur le carrelage. Tibia brisé. Le sujet renverse le moule à tarte. L'un de nos hommes est malmené par le sujet, qui prétend qu'il a ri. Nous préférons quitter le terrain.

ANALYSE

Il est impossible d'enseigner à deux petites filles la recette (pourtant enfantine) du Zuiderzee aux pommes.

LES GRANDS PRINCIPES : UNE ASSURANCE POUR L'AVENIR

De nos jours, c'est bien connu, les jeunes n'ont plus de principes. Goût de l'effort, amour du travail bien fait, respect des aînés, dévotion à la mère patrie, tout cela est — nos lectrices voudront bien nous pardonner l'expression — parti en couilles. Osons le dire : c'est très bien. Édictés au siècle dernier par de vénérables barbus en redingote, ces damnés vieux principes ont volé en éclats faute d'avoir su s'adapter au goût du jour, et se sont vus remplacés dans les années soixante-dix par toutes sortes de principes nouveaux résolument épatants : ne pas monopoliser le chilum, faire des études de socio, occuper la Sorbonne, peindre sa 2CV en rose.

Et puis, soudain, ces nouveaux principes ont à leur tour perdu tout intérêt. Peindre une 2CV en rose est même franchement grotesque. On n'y songerait plus.

C'est dans ce contexte déconcertant que nous sommes devenus parents. Vous savez ce que c'est. Pan-pan, gros ventre, biberon. Jusque-là, c'est facile. Mais il a suffi d'un week-end pluvieux, enfermés avec des enfants déguisés en Zorro hurlant à travers la maison, pour que reviennent en mémoire à chacun d'entre nous les sacrés vieux bons principes des barbus en redingote. Après tout, nous sommes-nous tous dit, et s'ils avaient raison ?

Ce guide qui, rappelons-le, n'a d'autre objectif que de vous maintenir en vie face aux débordements de l'enfant, ne pouvait éluder une telle question. Ou alors, nous aurions failli à notre mission et ça, bon sang, nous n'aurions pas pu le supporter.

Voilà pourquoi nous vous proposons de revisiter quelques grands principes qui ne manquent pas d'intérêt, du point de vue de la tranquillité des parents.

LA CONFIDENCE DU Dr FITZHUGH DODSON

Ma mère confondait sa notion individuelle et limitée du bien et du mal qu'elle pouvait avoir en mère de famille des classes moyennes de la banlieue de Baltimore avec la vision universelle du bien et du mal.

LA RÉACTION INTÉRESSÉE DES AUTEURS

T'es de Baltimore, Fitzhugh ? Tu peux nous rapporter un walkman, paraît que c'est moins cher aux States.

Le respect des aînés

Ce principe qui atteignait les confins du ridicule lorsque nous étions enfants et qu'il était censé s'appliquer à nos parents, voire à de vagues grand-tantes à l'allure simiesque, prend toute sa signification quand on devient soi-même l'aîné qu'il s'agit de respecter. Dès lors, plus on y pense, plus ce principe est épatant. Le genre de sacré vieux chouette principe qui permet de faire croire à votre progéniture que vous avez toujours raison alors que — entre nous, nous pouvons le dire — c'est rarement le cas. Les enfants l'ignorent et vous admirent. Bien sûr, ça ne durera qu'un temps, mais c'est toujours ça de gagné.

Le goût de l'effort

Préparer l'enfant aux dures réalités de la vie, faire de son quotidien une compétition de chaque instant, l'amener à se dépasser, à repousser ses limites, tout cela est bien beau, surtout si vous voulez en faire un coureur de fond. Cette perspective n'est pas dénuée d'intérêt. Songez que, tandis que l'enfant court son marathon, vous pouvez tranquillement regarder *Sport Dimanche* à la télé.

Le sens du beau

Ce principe, mal compris par des générations entières de barbus en redingote, était à la base des efforts démentiels déployés par les parents pour faire découvrir l'art à leurs petits. Et ce n'étaient que leçons de piano, visites de musée et soirées diapositives. Vaines tentatives. Les enfants ignorent le beau. Les enfants méprisent l'art.

LES ENFANTS ONT UN GOÛT DE CHIOTTE !

Alors ? Faut-il baisser les bras ?

Pas du tout. Mais il est inutile de brûler les étapes. Le sens du beau, chez l'enfant, doit se limiter à une seule chose : une chambre rangée. Quoi de plus beau qu'une chambre rangée ? Laissez tomber le reste. Pénétré au plus profond de son être de la sublime majesté d'une chambre en ordre, votre enfant s'ouvrira bientôt de lui-même aux formes les plus achevées de l'expression artistique, tels les portraits de Bernard Buffet ou les sonates de Richard Clayderman.

L'amour du prochain

Cette notion baba et soixante-huitarde est évidemment à prendre avec des pincettes, surtout quand on voit la tête de votre prochain. Néanmoins, les plus grands pédiatres s'accordent à le dire, il peut être judicieux d'inculquer à nos chères têtes blondes quelques-uns des principes de charité, de tolérance et de partage — sans oublier bien entendu l'écoute dynamique — qui continuent à faire le succès de la religion chrétienne, du Club Méditerranée et de la Sécurité sociale. Ne serait-ce que pour éviter de peupler la terre d'une génération entière d'infâmes salauds qui, plus tard, refuseraient de nous laisser les places assises dans l'autobus, ou même, tout est possible, omettraient de payer leur redevance télé.

Il ne s'agit pas non plus de faire du zèle : l'amour du prochain, de nos jours, peut se limiter à ne pas l'abattre comme un chien s'il vous pique une place de stationnement. C'est déjà pas mal. Cela dit — et tous nos amis usagers de la R.A.T.P. le savent bien —, ne pas descendre son prochain n'empêche en aucun cas de descendre à la prochaine.

Tels sont les quatre grands principes de base de toute éducation. Les quatre piliers de la sagesse. Les quatre pieds de la table. On voit tout de suite l'aplomb, l'imparable solidité mystique de l'ensemble. On pense aux quatre mousquetaires. Aux quatre cavaliers de l'Apocalypse. Au pont de la rivière Kwaï... Inébranlable, l'enfant muni d'un tel viatique peut affronter la vie en riant, voire même le sourire aux lèvres.

Mais ce n'est pas tout. Les grands principes, vous savez ce que c'est, quand il n'y en a plus, il y en a encore. Et des chouettes. C'est pourquoi nous vous proposons en complément cette liste des

GRANDS PRINCIPES FACULTATIFS

La défiance de l'Anglais

Il n'est jamais trop tôt pour mettre en garde vos enfants contre la perfidie naturelle de nos amis d'outre-Manche. Éduqué dès son plus jeune âge à se défier des Anglais, l'enfant comprendra mieux toutes les finesses du Tournoi des cinq nations, se passionnera pour l'histoire de France (non sans une certaine émotion) et installera un péage à la sortie du tunnel sous la Manche.

Certains pédagogues prônent la défiance de l'Allemand, ou du Russe. Ils ont tort. Il vaut mieux se défier de l'Anglais, plus petit et moins dangereux.

Le sens de l'honneur

Désuet à l'extrême, frisant même la faute de goût en une époque où fausses factures et auto-amnistie sont devenues le sommet de l'art politique, le sens de l'honneur ouvre néanmoins de fabuleuses perspectives aux parents en quête de vérité. Ainsi, à la question : « C'est toi, ou ton petit frère, qui a cassé ce vase (dynastie Dao) ? », un enfant mû par ce grand et noble principe répondra sans flancher : « C'est mon petit frère. » Quel gain de temps !

L'amour du beau geste technique

Sans cette notion de base, un enfant ne peut percevoir toute la noblesse du sport français (le sport étranger consistant, rappelons-le, à nous priver de ballon, ce qui est bas). L'amour du beau geste technique lui permet, en revanche, de conserver intacte toute son estime pour nos valeureux sportifs, hélas parfois cruellement privés de ballon par de lâches étrangers.

GRANDS PRINCIPES ENCORE PLUS FACULTATIFS

La vénération du supérieur

Alliée au mépris du subalterne, autre grand principe français toujours vivace, cette notion fondamentale ouvre toutes grandes à l'enfant les portes du monde exaltant du travail.

La protection de l'environnement

Polluant par nature et ce dès son plus jeune âge, l'enfant n'a qu'une piètre opinion de la couche d'ozone. L'enfant, osons le dire, n'en a rien à foutre de la couche d'ozône. Donnez à un enfant le choix entre faire cent kilomètres à vélo ou dans la Diesel de papa, il choisira immanquablement le mode de locomotion le plus polluant. C'est effroyable. C'est pourquoi il faut apprendre à l'enfant à respecter l'environnement. Pour commencer, retirez-lui tous ses jouets testés en laboratoire sur des animaux vivants. Ce scandale doit cesser.

L'usage du préservatif

Certains esprits chagrins nous feront remarquer que c'est d'enfants qu'il s'agit et qu'ils ont bien le temps de penser à toutes ces cochonneries. Ce n'est pas faux. Néanmoins, et tous les enfants vous le diront, un préservatif rempli d'eau et lâché sur le passant du haut du cinquième étage devient un jouet tout à fait épatant. En outre, l'ustensile est ainsi banalisé, intégré quelque part au niveau du vécu quotidien du pré-adolescent qui, plus tard, ne subira aucun refoulement castrateur s'il doit s'en servir au moment de l'acte sexuel. L'enfant qui sommeille toujours en lui saisira alors la capote d'outre-Manche, la remplira d'eau et la projettera sur sa partenaire en riant aux éclats. Du coup, la jeune fille, trempée, le plantera là furieuse et le brave garçon n'attrapera pas de vilaines maladies.

La défiance des huîtres les mois sans « r »

On enseignera du même coup à l'enfant la défiance du caviar, du foie gras et du champagne millésimé.

La crainte de péter en rotant

L'effet stéréophonique provoqué par ces émissions simultanées peut en effet se révéler désastreux pour la santé morale de l'enfant. La dépression soudaine qui se crée dans les boyaux à l'instant des expulsions peut en outre avoir de graves conséquences hygiéniques.

Le refus de frapper un homme à terre

Surtout s'il crie « Caramba ! »

Le sens du rythme

Quoi de plus triste, dans une soirée rap, que de voir l'un de ces adolescents longilignes agiter vainement ses grands bras *à contretemps*, alors qu'autour de lui de subtils danseurs sont sur le point de conclure ? Est-ce celui-là que vous souhaitez, monsieur ? Est-ce là l'avenir que vous destinez à votre fils, madame ?

RÉCOMPENSES ET PUNITIONS

Vous n'êtes pas sans avoir remarqué, ami lecteur, que votre enfant est adorable. Délicieux. Épatant. C'est pour ça que vous l'aimez tant. Ce sont les enfants des autres, systématiquement, qui l'entraînent à mal agir. LES ENFANTS DES AUTRES, OSONS LE DIRE, SONT DES SALAUDS !

Hélas, ils constituent l'écrasante majorité du genre enfantin. Votre enfant, madame, monsieur, n'est qu'une merveilleuse exception. Celle qui confirme la règle, comme on dit. Car la règle, c'est que les enfants font des bêtises, exactement comme l'Antillais fait des beignets de morue ou comme le grisou fait des victimes, malgré toutes les précautions prises et les appels au calme ; c'est dans leur nature profonde ; c'est une donnée majeure de l'existence. D'où la triste nécessité pour nous, hélas, de sévir.

Ce n'est jamais de gaieté de cœur qu'on se résout à se défouler sur un enfant, mais comment faire autrement ? « Qui aime bien châtie bien » dit le proverbe, et, encore une fois, il a fichtrement raison ! Ah, cher vieux proverbe ! Tel un gros oiseau familier, il vient nous rappeler que si nous secouons parfois nos enfants, si nous les rudoyons, si nous les battons comme plâtre, c'est toujours pour leur bien. Dans leur intérêt. Nous ajouterons quant à nous, à l'intention de nos lecteurs les plus infects, qu'il n'est même pas nécessaire d'aimer bien pour châtier bien ; qu'importe somme toute que la gifle soit administrée avec ou sans amour ? Tout ce qui compte, c'est qu'elle claque sec, bon Dieu !

LA NOUVELLE CONFIDENCE DU Dr FITZHUGH DODSON

Je garde encore le souvenir du jour où l'on me lava la bouche au savon pour avoir exprimé quelques paroles hostiles contre ma mère.

LE HOLÀ DES AUTEURS
Arrête avec ta mère, Fitzhugh ! Tu fatigues tout le monde !

Mais alors comment s'y prendre, comment réprimer, avec quoi frapper ? D'emblée disons-le, l'éventail des châtiments est largement ouvert. Il va du simple regard courroucé à la tentative de strangulation, en passant par le soufflet (qui n'est pas jouet), le camouflet, la bourrade, la rebuffade, la brimade, le cri glaçant, le ricanement haineux, les privations et chantages divers, les menaces plus ou moins voilées, la fessée déculottée et évidemment, à ne pas oublier, l'uppercut au foie.

Comment donner une gifle

Bon

Mauvais

Dans tous les cas, quelle que soit la solution retenue, nous recommandons sang-froid et modération. Quelques conseils, en passant :

• La punition sera appliquée dans le strict respect des lois en vigueur, sans dérapages ni excès criminels. Rappelons que sont prohibés les défenestrations, coups portés à la tempe avec intention de nuire, arrachements ligamentaires, perforations des cartilages et éclatements osseux. On évitera aussi de pincer l'enfant et de le traiter de « petit con ».

• La punition suivra immédiatement la faute, ou du moins sera appliquée dans un délai n'excédant pas dix-huit secondes. Ce délai dépassé, l'enfant risquerait de ne plus comprendre pourquoi on le punit. Il éprouverait alors un vif sentiment d'injustice, de révolte, qui pourrait le conduire à mordre son maître.

• La punition d'une bêtise ne devra en aucun cas occasionner une nouvelle bêtise. Imaginez par exemple qu'au musée, à force de bondir comme un jaguar, votre enfant brise un vase ancien (dynastie Xing) ; vous êtes en droit de le gifler, monsieur. Mais surtout, pas trop fort ! Calmement ! Si vous transformez le coupable en bombe volante, si vous l'envoyez faire exploser un autre vase ancien (dynastie Wong), avouez que vous aurez l'air fin ! Ah oui, ce serait malin, tiens !

• La punition ne devra pas troubler l'ordre public. Pas de pilori, pas d'exhibition du supplicié pantelant à la fenêtre du F-3, pas de hurlements stridents dans la cour, les cages d'escalier ou autres parties communes de l'H.L.M. ; des voisins malintentionnés auraient vite fait de crier au bourreau d'enfant, ce qui vous vaudrait l'odieuse visite d'une assistante sociale, puis le retrait de vos droits parentaux. Pour finir, peut-être, on vous retirerait la garde de l'enfant. Solution certes radicale, mais qui manque d'élégance.

• La punition ne devra pas nuire à l'harmonie familiale, c'est-à-dire qu'on ne l'appliquera pas en présence des personnes trop sensibles, comme par exemple la mère de l'enfant. Elle serait fichue de s'évanouir à la vue du sang. (Voir *Règle d'or n° 5*).

- La punition sera proportionnée à la faute de l'enfant. Si ce n'était pas le cas, dans l'hypothèse toujours probable d'un procès pour coups et blessures volontaires, vous ne pourriez pas invoquer la légitime défense, monsieur.

Le tableau ci-dessous vous permettra de bien équilibrer vos ripostes. Il met en relation les bêtises les plus fréquentes de l'enfant et les punitions qui selon nous, compte tenu de notre vaste expérience en la matière, leur sont le mieux adaptées.

BÊTISE	PUNITION
L'enfant vous « emprunte » votre walkman et vous le rend cassé, brisé, émietté.	Poussez un cri de rage.
L'enfant rit bêtement.	Foudroyez-le du regard.
L'enfant lance de grands coups de pied dans les murs.	Trépignez, suffoquez d'indignation en proférant des menaces atroces.
L'enfant ingurgite une rasade de l'eau de Javel que vous aviez versée dans la bouteille d'Évian vide sous l'évier, entre la soude caustique et les pâtes de fruits.	Privez-le de dessert.
L'enfant se met les doigts dans le nez à table.	Cassez-lui le nez.
En sautant de meuble en meuble, l'enfant se casse un bras.	Cassez-lui l'autre bras.
L'enfant vous répond avec insolence en public.	Serrez les poings, vieux frère, tout ça se payera un jour. Dès que le public aura disparu.

BÊTISE	PUNITION
L'enfant fait le malin devant une fille, il la baratine un max et finit par l'emballer.	Adressez-lui un clin d'œil complice.
Au volant d'une voiture volée, l'enfant renverse un vieillard et prend la fuite.	Fournissez-lui un alibi en béton, mais giflez-le.
L'enfant siffle une bouteille de vieux bourbon et vous rote au visage, les pieds sur la table.	Dites-lui avec fermeté que vous réprouvez sa conduite. Encouragez-le à s'amender. Puis débouchez une autre bouteille et mettez sa frangine au frais.
En jouant, l'enfant provoque un glissement de terrain.	Grondez-le sans en faire une montagne. Après tout, il ne faisait que jouer.
Grâce à votre ordinateur domestique, l'enfant s'introduit dans le système de défense informatisé de l'Armée rouge, déjoue les programmes de sécurité et déclenche un affrontement nucléaire.	Faites-lui promettre qu'il ne recommencera pas. Alertez votre avocat. Vérifiez les joints étanches de l'abri.
L'enfant renverse son verre, puis, en se penchant pour le ramasser, il fait tomber son assiette de purée au ketchup sur la moquette haute laine à 800 balles le mètre carré !	Saisissez l'enfant, coincez-le, pincez-le, tordez-lui lentement les oreilles en hurlant.

PARENTS, TENEZ BON !

Les tâches de maintien de l'ordre qui vous incombent sont lourdes, ingrates, épuisantes mais, sachez-le, vous n'êtes pas seuls dans l'épreuve ! Au contraire. Vous pouvez à tout moment vous appuyer sur des soutiens fidèles, sur de formidables auxiliaires de justice ! Apprenez à les connaître et les utiliser :

— **Le loup :** Souvenir sans doute de l'époque lointaine

où les fauves affamés venaient croquer le bourgeois hurlant dans son lit, le petit enfant garde une peur instinctive du loup. Profitez-en ! Encouragez-le dans cette voie ! N'hésitez pas, la nuit, à venir gratter et grogner à la porte de sa chambre pour le terroriser ! À la moindre incartade, quand vous menacerez d'appeler le loup, vous obtiendrez immédiatement calme et halètements d'angoisse. Résultat garanti. Évidemment, des suites psychiatriques sont à prévoir, mais quoi, on ne fait pas d'omelette sans casser des œufs !

— **L'ogre :** Autre épouvantail de grande renommée. Comme le loup, l'ogre se jette sur les enfants pour les dévorer, mais il a aussi l'avantage d'être vaguement humanoïde, ce qui fait qu'on peut indifféremment lui prêter, selon les nécessités stratégiques, les traits de l'oncle Bud, du voisin du dessous ou de toute autre personne excessivement laide. Et ce n'est pas ce qui manque dans nos vieilles contrées d'alcooliques. Pratique et efficace.

— **Le monsieur de la télé avec ses grandes dents :** Il y a toujours, à la télé, un monsieur qui fait peur avec ses grandes dents, vampire, chanteur, présentateur. L'enfant, dans son ignorance inouïe, s'imagine que l'énergumène va jaillir de l'écran pour l'égorger. Ne démentez pas. Au contraire.

— **Le pédagogue :** C'est un type comme vous ou moi qui décide brusquement de dire qu'il est un spécialiste des enfants, et tout le monde le croit, et c'est super, et on lui donne un diplôme. Le pédagogue est supposé connaître des trucs pour faire obéir les enfants, mais il est surtout très fort pour expliquer pourquoi les enfants n'obéissent pas. De toute façon, il déconseille l'emploi de la violence, parce que selon lui ça ne sert à rien. Le pédagogue est un farceur.

Sous-genre : Le psychopédagogue, qui croit que les enfants sont fous. Si vous partagez ce point de vue, vous êtes peut-être un psychopédagogue.

— **L'assistante sociale :** Avec ses airs de fouine et ses formulaires vert morve, indiscutablement, elle est effrayante. Seulement, attention : arme à double tranchant ! Dans sa folie destructrice, l'assistante sociale tire sur tout ce qui bouge, et elle peut s'en prendre à l'enfant aussi bien qu'à ses parents ! Une antique superstition affirme par ailleurs qu'il suffit de menacer de l'appeler pour qu'elle se présente chez vous, surtout s'il y a déjà eu, de votre fait, des exhibitions de supplicié pantelant à la fenêtre du F-3 et des hurlements stridents dans la cour, les cages d'escalier ou autres parties communes de l'H.L.M. On ne recourra à l'assistante sociale qu'avec la plus extrême prudence.

Et les récompenses, direz-vous, ne devrait-il pas en être un peu question aussi, tout de même ? Absolument. Vous avez mille fois raison de nous le rappeler. Parce qu'il existe des enfants, disons-le, qui sont de sacrés chics types. Corrects, gentils sous tous rapports, cent pour cent sympas. Wolfgang Mozart, par exemple. Dès son plus jeune âge, quatre ou cinq ans, il composait des tas de musiques très chouettes, sans qu'on lui demande rien ! C'était super, il paraît. Ses parents avaient une paix royale. Seulement attention :

LES MOZART NE COURENT PAS LES RUES !

Et c'est tant mieux, parce que sans ça il y aurait des tas de musiques très chouettes partout, comme dans le R.E.R., et on finirait tous par avoir la tête comme une pastèque.

Mais pour en revenir aux enfants des autres, amis lecteurs, la lucidité s'impose : ils n'ont pas du tout le style Mozart. Pas prodigieux génies pour un sou ! Au contraire ! Placez-les devant un piano, ils se mettront à enfoncer le clavier comme des sourds, un boucan à vous écorcher les nerfs, puis ils se pinceront les doigts sous le châssis, et il faudra cingler vers l'hôpital le plus proche pour suturer l'hémorragie.

Alors, soyons clairs : pour pouvoir parler de récompense, il faut que l'enfant ait fait quelque chose de bien, quelque chose de valable, et cré bon sang, ça n'arrive pas souvent ! Oh, non ! A-t-on jamais vu un enfant faire quelque chose de valable, à part Wolfgang Mozart ou votre fils, madame, ou votre fille, monsieur ? En vérité, non. Alors, une éducation grisâtre, toute de coercition, de cris et de terreur ? Pas de récompenses du tout ? Le bâton et rien que le bâton, sans la carotte ? Grave question, qu'on ne saurait trancher à la légère. Car enfin, c'est connu, on n'attrape pas les mouches avec du vinaigre, ni les enfants à coups de savate.

Des parents d'un libéralisme extrême considèrent aujourd'hui que l'enfant mérite d'être récompensé dès lors qu'il n'a pas fait de bêtises pendant un temps donné : un jour, une heure, un quart d'heure. Nous nous garderons bien de les juger. Nous nous contenterons ici de nous insurger, mais avec virulence, contre l'absurde pauvreté des récompenses les plus courantes. Gaver l'enfant de sucreries, lui offrir un nouveau jouet, l'emmener aux Folies-Bergère, tout cela est malsain, démodé, misérable. Voici quelques idées de récompenses originales, modernes, et qui plus est économiques, ce qui ne gâchera rien, surtout pour nos lecteurs les plus démunis, dont nous savons qu'ils constituent une sombre et farouche légion prête au pillage. Courage, les maudits !

Les chouettes récompenses

— Emmener l'enfant au McDonald et lui offrir un Big Mac, un Double Cheese Burger, un Mac Nugget Burger et deux Apple Pies Burger (prévoir vomissements dans la nuit et forte fièvre).
— Offrir à l'enfant un assortiment de pétards, boules puantes, fluide glacial et fausses crottes de chien, à la condition qu'il n'utilise cet arsenal qu'à l'école.
— Autoriser l'enfant à regarder le film d'horreur à la télévision (là encore, prévoir suites psychiatriques).
— En voiture, autoriser l'enfant à faire des grimaces

aux autres automobilistes (prévoir queues-de-poisson et tonneaux).
— Autoriser l'enfant à se mettre les doigts dans le nez à table.
— À table encore, autoriser l'enfant à mettre ses doigts dans le nez de sa mère (prévoir scène de ménage).
— Autoriser l'enfant à s'installer à la fenêtre pour cracher sur les passants dans la rue.
— Autoriser l'enfant à lancer de grands coups de pied dans les murs.
— Autoriser l'enfant à dire des gros mots (b..., m..., c..., p..., etc.).
— Apprendre à l'enfant à roter.

Allons, tout cela est frais et bien sympathique. Mais n'oubliez surtout pas, amis parents, que la plus belle des récompenses que vous puissiez offrir à votre enfant, c'est de ne pas le frapper à la tête.

***

Certains lecteurs, à coup sûr, seront outrés et révoltés par le ton d'insupportable violence qui règne dans ce chapitre ; nous ne saurions leur donner tort. Nous-mêmes nous sommes indignés. Scandalisés. « Ne vaudrait-il pas mieux prévenir que guérir ? se disent ces personnes charitables, ne vaudrait-il pas mieux empêcher les enfants de faire des bêtises plutôt que de les châtier bestialement ? » Si fait. C'est notre avis. Et nous ferons remarquer à nos détracteurs, âmes sensibles et autres emmerdeurs, que c'est aussi, précisément, le but de notre livre. Convaincre pour vaincre, exprimer plutôt que réprimer, telle est notre absolue philosophie de l'éducation. Et cela démontre, s'il en était besoin, qu'on peut parfaitement être pères de famille et rester ouverts aux considérations humanitaires.

QUELQU'UN PEUT-IL ÉLEVER VOTRE ENFANT À VOTRE PLACE ?

Élever un enfant est très fatigant. Pas aussi fatigant que courir un cent dix mètres haies, non, mais tout de même assez éreintant. Et puis le cent dix mètres, ça dure quoi ? Allez... cinq, dix minutes ? Non ? Moins ? Une quinzaine de secondes ? Pas de quoi en faire toute une histoire, en somme. Alors qu'un enfant... Les enfants sont fatigants par nature. Gentils, si vous voulez, mais fatigants. Les éduquer — c'est-à-dire maîtriser leurs braillements démentiels pour en faire des personnes réfléchies, cultivées et taciturnes — est un travail de chaque instant, qui peut se prolonger durant des années ! D'ailleurs, c'est bien simple, éduquer un enfant vous flanque immanquablement un terrible coup de vieux. Prenez un jeune père à la naissance de son bambin et retrouvez-le quelque vingt ans plus tard, au moment où il peut s'estimer à peu près tiré d'affaire, ce n'est plus le même homme. Le sémillant papa n'est plus qu'un vieux machin ! C'est atroce !

C'est la raison pour laquelle, très tôt dans l'Histoire de l'Humanité, des parents épuisés ont levé les yeux et regardé autour d'eux pour voir si personne ne pourrait leur donner un coup de main de temps à autre, question de souffler un peu. Et comme se pressait autour d'eux la horde colorée, brouillonne et sympathique du cercle de famille, ces parents, subtils, ont tenté de l'utiliser à cette fin. En vain. Car les siècles des siècles n'y ont rien changé : la damnée vieille horde familiale continue encore et encore de faire sa tête de mule et ne comprend toujours pas ce qu'on attend d'elle. Aucune discipline, dirions-nous.

Aux jeunes parents naïfs qui croient encore pouvoir se servir à loisir de cette fichue bande, il nous est donc apparu utile de proposer cet édifiant tableau de la situation.

LE CERCLE DE FAMILLE : DROITS, DEVOIRS ET TRISTE RÉALITÉ

Les grands-pères

Les grands-pères sont au nombre de deux. Le plus souvent, ces sympathiques vieux bougres sont en même temps les pères du papa ou de la maman de l'enfant, ce qui est un peu compliqué.

Droits : Poser une fois par an pour la photo de famille, entouré de leurs petits-enfants.

Devoirs : Emmener l'enfant voir *Hollyday on ice* les dimanches de pluie.

Triste réalité : Les grands-pères n'aiment pas *Hollyday on ice*. Sous le prétexte fallacieux qu'ils vous y ont déjà emmené quand vous étiez petit, ces damnés entêtés refusent d'y remettre les pieds. Et les patineurs tournent en rond sous leurs gros masques de Mickey devant des gradins vides. Quel gâchis !

L'ENCOURAGEMENT DU Dr BRAZELTON

Une visite de ses grands-parents est quelque chose de vraiment excitant pour un enfant. Peut-être devriez-vous plutôt vous en réjouir.

LE SOUPÇON DES AUTEURS
Dites voir, docteur Brazelton, vous seriez pas un peu grand-père sur les bords, pour la ramener comme ça ?

Les grand-mères

Les grand-mères — également au nombre de deux — vivent avec les grands-pères, ce qui est commode. Très populaires auprès des enfants, elles ne cessent de leur rappeler que papa et maman ont été eux aussi des enfants, et qu'elles leur donnaient des fessées quand ils n'étaient pas sages.

Droits : Garder l'enfant quand les parents veulent passer un week-end tranquille.

Devoirs : Ne pas en profiter pour ruiner en quelques heures des mois entiers d'efforts déployés par les parents pour donner à l'enfant un semblant d'éducation.

Triste réalité : Si les grand-mères sont aussi populaires auprès des petits, c'est parce qu'elles leur permettent tout ce qu'elles vous interdisaient sévèrement quelques années plus tôt. Chez les grand-mères, les enfants se bourrent de bonbons, ne rangent pas leur chambre, regardent la télévision jusqu'à des heures indues et ne prennent pas de bain. Quand vous récupérez l'enfant, il est dans un tel état d'excitation que seul un uppercut au foie peut le calmer. C'est alors vous qui vous faites gronder par la grand-mère. C'est un comble.

LA MISE EN GARDE DE FRANÇOISE DOLTO

À partir de trois ans, les enfants seront toujours heureux d'aller chez leurs grands-parents, à moins que ce ne soient vraiment des sadiques et des bourreaux.

LA PRÉCISION DES AUTEURS
Méfiez-vous particulièrement des grands-parents tontons macoutes, anthropophages, naturistes ou anciens nazis.

Les oncles

Les oncles sont des abrutis. Tous. Et il peut y en avoir des tas, pour peu que papa ou maman aient beaucoup de frères. Aussi incroyable que cela puisse paraître, les oncles sont souvent eux-mêmes papas, et se comportent avec leurs propres enfants comme des gens normaux. Pourtant, mis en présence de leurs nièces ou de leurs neveux (vos enfants), les oncles se mettent instantanément à faire les zouaves, ébréchant ainsi sérieusement l'un des grands principes de base de l'éducation de votre enfant : le respect des aînés.

Droits : Emmener son neveu ou sa nièce en vacances, avec ses propres enfants (voir *Cousins*).

Devoirs : Ne pas en profiter pour faire le zouave.

Triste réalité : Les oncles en profitent toujours pour faire le zouave.

Les tantes

Femmes des oncles. Parfois oncles eux-mêmes, mais alors ça fait mauvais genre. En Amérique du Nord, les enfants ont coutume de réunir leurs tantes en cercle, puis de se mettre des plumes dans les cheveux et de tourner autour en faisant la danse du scalp. Les tantes sont alors surnommées « tipis ». Ça ne prendra jamais chez nous.

Droits : Se faire appeler « tata » ou « tatie ».

Devoirs : Traiter vos enfants comme les leurs, lorsque vous les leur confiez pour un week-end.

Triste réalité : Ces damnées têtes de pioche continuent à préférer les leurs.

Les grands frères

Les grands frères sont eux-mêmes des enfants, c'est dire s'il ne faut pas trop en attendre. Les grands frères filles — on voit de tout — sont appelées grandes sœurs.

Droits : Rester éveillés plus tard.

Devoirs : Laisser les petits casser leurs jouets, leur céder le dernier morceau de tarte, se faire accuser à leur place, les aider pour leurs devoirs, casser la figure à quiconque les embête à l'école.

Triste réalité : Hormis cette dernière tâche, qui plaît beaucoup aux grands frères, ces derniers comprennent souvent mal toute la noblesse des sacrifices que l'on attend d'eux. Certains grands frères vont même jusqu'à renâcler. « C'est pas juste » est leur expression favorite. Loin du regard des parents, les grands frères se vengent alors en bloc de toutes les privations qui leur sont imposées au profit des plus petits en les ligotant à une chaise, puis en les peignant en bleu. On ne peut leur en vouloir.

Les petites sœurs

Extrêmement bruyantes et maladroites, les petites sœurs ne sont que de peu d'utilité pour alléger la tâche des parents. Les petites sœurs garçon — on voit décidément de tout — sont appelés petits frères. Ils sont tout aussi inopérants.

Droits : Casser les jouets des grands, avoir le dernier morceau de tarte, accuser les autres de leurs bêtises, se faire aider pour leurs devoirs, menacer du grand frère leurs petits copains à l'école.

Devoirs : Aller se coucher en premier.

Triste réalité : Les petites sœurs sont un fléau.

Le parrain

On croit trop souvent que le rôle du parrain se borne à

garder le curé à l'œil durant le baptême et à veiller à ce que le vieux bougre ne se prenne pas les pieds dans sa toge au moment où il asperge l'enfant. Après avoir offert, comme le veut la tradition, une timbale en argent à la jeune mère qui s'empressera de la ranger au fond d'un tiroir où elle ternira — la timbale, pas la jeune mère — jusqu'à ce qu'on la ressorte avec des larmes d'émotion dans la voix au moment du mariage de l'enfant en question, après cela donc, le parrain de base croit avoir joué son rôle, pouvoir s'approcher du buffet et s'emplir de petits fours la conscience tranquille. C'est une erreur.

Droits : Appeler l'enfant son « filleul ». Ou sa « filleule » si l'enfant est une fille, on voit de tout.

Devoirs : Remplacer le père au pied levé si celui-ci se fait décalquer au volant de sa 4L par un trente-tonnes freins pétés, lors d'un retour de week-end.

Triste réalité : Si votre femme est jolie, ami lecteur, il y a fort à parier que le parrain vous remplacera effectivement au pied levé, après avoir expédié vos orphelins en pension. Si votre femme est moche — et croyez bien que nous le regrettons pour vous —, il y a encore plus fort à parier que ce salaud ne bougera pas le petit doigt. Voulez-vous qu'on vous dise ? Les parrains sont des fumiers !

La marraine

Non contente de porter cette appellation grotesque aux consonnances anversoises, la marraine doit également porter l'enfant au-dessus des fonts baptismaux sans le laisser chuter dans la cuvette. La marraine est en général une amie ou une sœur de la jeune mère qui, quelques années plus tard, se fâche immanquablement avec elle.

Droits : Donner fréquemment des conseils d'éducation à la jeune mère, jusqu'à exaspération totale de cette dernière, ce qui provoquera sa disgrâce.

Devoirs : Offrir un cadeau à l'enfant le jour de sa fête.

Triste réalité : La disgrâce intervient trop vite pour que le malheureux enfant se doute même d'avoir eu un jour une marraine.

Les cousins

Les cousins sont un troupeau. À leur décharge, il faut rappeler que ces pauvres bougres sont les enfants des oncles et des tantes, ce qui est évidemment dur à porter. Il y a des cousins de toutes sortes : des grands, des petits et des gros. Les gros sont les plus utiles, car on peut s'asseoir dessus. On les appelle alors des coussins.

Droits : Surgir en meute dans votre appartement et hurler en brisant tout jusqu'à ce que vous les jetiez dehors.

Devoirs : Les cousins n'ont aucun devoir vis-à-vis de l'enfant, et encore moins vis-à-vis de vous. C'est ce qui les rend redoutables.

Triste réalité : Plus on en tue, plus il en vient.

Les cousines

Non seulement les cousines sont des sortes de cousins, mais en plus ce sont des filles. Mises en présence de votre propre fille, les cousines seront délicieuses durant quelques fractions de seconde, puis viendront les pleurs. Tiens, nous préférons encore les cousins...

Droits : Vous appeler « mon oncle », « ma tante », « tonton », « tatie » ou même « tata ». C'est effroyable, mais c'est ainsi. Et vous ne pourrez rien y faire.

Devoirs : Donner, par l'intermédiaire de leurs mères (tantes), leurs vieux vêtements à votre fille.

Triste réalité : Leurs hardes sont immettables.

Le chien

Le chien se distingue du reste de la bande par le fait qu'il marche à quatre pattes (comme l'oncle), mais qu'il fait « Ouah » quand on lui parle. Certains parents naïfs croient pouvoir employer cet individu brave mais niais à certaines tâches domestiques. Comme nous allons le voir, ils se trompent.

Droits : Une pâtée et deux promenades par jour.

Devoirs : Ne pas se jeter sur l'enfant tous crocs dehors si celui-ci lui marche sur la queue.

Triste réalité : Le chien est inopérant. À notre grand regret, force nous est de constater que le chien est incapable d'assumer les missions que vous pensiez lui confier.
— Le chien de garde ne peut remplacer une baby-sitter.
— Le chien de chasse ne sait pas tirer la chasse.
— Le chien de course est infoutu de faire les courses.

Un sacré fichu incapable, nous vous le disions.

Les conseillers à la Cour des comptes

Voilà, enfin, des gens sérieux. Les jeunes parents

exténués cherchant autour d'eux quelque appui peuvent compter sur les conseillers à la Cour des comptes. Ce sont des gens épatants.

Droits : Contrôler la gestion financière des administrations.

Devoirs : Dénoncer les fraudes, détournements, pots-de-vin et abus sans en profiter pour s'en mettre plein les poches.

Triste réalité : Les conseillers à la Cour des comptes n'ont rien à voir avec les enfants. Ils s'en moquent bien. Essayez voir de leur demander de garder vos petits, ne serait-ce qu'un soir, pendant que vous allez au cinéma, vous verrez comment vous serez reçus. Les conseillers à la Cour des comptes ricaneront avec mépris, voilà tout. Ah, c'est rageant, tiens. Mais ça ne se passera pas comme ça. Laissez-nous vous dire une bonne chose :

LES CONSEILLERS À LA COUR DES COMPTES SONT DES SALAUDS !

PEUT-ON FAIRE CONFIANCE À QUICONQUE DANS CETTE FOUTUE BANDE ?

Osons l'avouer, le bilan est morose. Tout ce joli monde se partage entre les maladroits de bonne volonté, auxquels vous hésitez à confier votre enfant, et les adroits de mauvaise volonté, du type conseiller à la Cour des comptes.

Ce triste constat, amis lecteurs, vous n'êtes pas les premiers à le faire. Des milliards de jeunes mères et de jeunes pères l'ont fait avant vous, baissant les bras de découragement et soupirant : « C'est pas marrant. » Détail amusant : cette locution, exprimée encore et encore, des milliards de fois sur la planète entière, par des gens très différents et qui, parfois, parlaient mal le français, a subi peu à peu une érosion. C'est ainsi que nous apprenons que le cri du cœur : « Pas marrant », en se contractant, est à l'origine du mot « parent ».

Sortez en bon ordre.

MAIS ALORS, ENFIN, QUOI, LES PARENTS SONT-ILS SEULS, OUI OU NON ?

Oui.

Les Cahiers de l'IREP

Institut de Recherches sur l'Endurance Parentale

27, rue du Colonel Boudarel - Niort

CROIRE-OSER-PERSEVERER

Insititut fondé en 1897

Gaston Soupard

Cedric Rondel

Expérience n° 215, Boulogne-Billancourt, 10 juin 1936
Archivée 215/W124/folio 98.

Sujet : M. Raoul Godec, 50 ans, gréviste de chez Renault, père d'un petit garçon.
Objet : Le sujet s'est engagé à supporter la présence au bord de l'étang où il pêche d'une colonie de vacances qui va et vient en chantant « Un kilomètre à pied, ça use, ça use... ». L'expérience ne pouvait prendre fin qu'après la prise de deux carpes.
Coût : Un litre de rouge.

DÉROULEMENT DE L'EXPÉRIENCE

10 h 30 — La colonie de vacances, composée de 127 enfants, s'ébranle en direction de l'étang, en rangs par deux.

10 h 32 — Premier passage derrière le sujet. Durée du passage de la colonne : 54 secondes. Fuite du poisson.

10 h 34 — Deuxième passage. On en est déjà à « Quarante-trois kilomètres à pied, ça use, ça use... ». Les chercheurs de l'I.R.E.P. se munissent de boules Quiès. Le sujet entame sa bouteille de rouge.

10 h 42 — Neuvième passage. La poussière soulevée par les galoches des enfants empêche nos chercheurs de distinguer nettement les traits du sujet, qui semble néanmoins agité de tics nerveux. La bouteille est vide.

10 h 43 — Profitant de l'arrivée de la colonne au point extrême de son parcours, le sujet a capturé un poisson, qu'il a placé dans un seau. Il semble retrouver le moral.

10 h 44 — Dixième passage (« Cent soixante-deux kilomètres à pied... »). Le martèlement des galoches fait chuter le seau dans l'étang. Le poisson s'enfuit. Le sujet frappe la surface de l'eau à l'aide de sa canne à pêche en hurlant des obscénités.

10 h 45 — Le sujet tente de prendre la fuite. Les chercheurs de l'I.R.E.P. s'interposent et le ramènent à son poste. Il était temps : la colonne approche. Le sujet est agité de convulsions incoercibles.

10 h 46 — Le sujet s'est rué dans le tas et frappe à coups d'épuisette. La confusion la plus totale règne autour de l'étang. Nombreux enfants blessés ou jetés à l'eau. La police anti-émeutes et les milices patronales interviennent. Le piquet de grève des usines Renault vient à la rescousse. Affrontement général. Les chercheurs de l'I.R.E.P. battent prudemment en retraite.

ANALYSE

Les nerfs d'un pêcheur craquent en un quart d'heure. C'est peu.

PARENTS ENFANTS

UN DIALOGUE DE SOURDS !

Au départ, les enfants sont des bébés. Cloués dans leur berceau par leur incapacité notoire à se mouvoir, les bébés pleurent quand ils sont contents et hurlent le reste du temps. C'est leur façon à eux de s'exprimer. Pleurs, hurlements. C'est tout. À part ça, pas un mot. Le mutisme complet. Les bébés sont bêtes.
Soumis aux cris aigus du bébé, les parents soupirent de lassitude et, penchés sur le petit être, s'acharnent à lui inculquer les rudiments du langage : « pa-pa », « maman », « do-do ». Les premiers bredouillements causent la joie de toute la maisonnée. On les enregistre pour la postérité, on en informe les grands-parents, on tue le veau gras. C'est merveilleux ! Bébé a dit « papa » ! On va enfin pouvoir communiquer avec lui ! Vous vous rendez compte ?
Cet enthousiame nous fait sourire, nous qui, tout comme vous, amis parents, avons découvert que le processus était irrémédiable. En effet, ce que les parents débutants ignorent, dans leur candide naïveté d'abrutis, c'est que dès que le bébé a dit « papa », il dit « maman », puis « lolo », puis « au bras », puis toutes sortes de mots plus contraignants les uns que les autres, et c'en est à jamais fini de votre tranquillité. À l'époque bénie des hurlements, il suffisait de calfeutrer la porte de bébé, de l'isoler à l'autre bout de l'appartement et de

mettre des boules Quiès pour avoir la paix. On pouvait lire le journal tranquille. On pouvait se détendre après le boulot, pour peu que madame la ferme, elle aussi, cinq minutes. On était peinards, merde !

Trompés par des pédiatres félons à la solde des enfants, les parents font de l'acquisition du langage une priorité absolue, ignorant ce qui les attend. Ah, c'est terrible, quand même. Quand l'enfant parle, il parle tout le temps. Même s'il n'a rien à dire. SURTOUT s'il n'a rien à dire. Et il pose des questions, sans cesse. Et il faut lui répondre. Et il en pose encore.

Plus question de calfeutrer sa chambre, de l'isoler à l'autre bout de l'appartement ou de mettre des boules Quiès, car l'acquisition du langage s'est accompagnée de celle de la motricité. Le bébé cloué dans son berceau est devenu un enfant mobile, capable de se déplacer partout avec une rapidité extrême, de vous suivre sur n'importe quel terrain, de vous dénicher dans le recoin le plus retiré. On n'échappe pas à un enfant. Et quand il vous a trouvé, il vous parle. D'une voix aiguë. C'est très dur.

Communiquer avec un enfant est une épreuve harassante, capable de faire voler en éclats toutes les belles théories que nous avons exposées dans les chapitres précédents. Jamais la survie d'un parent n'est à ce point menacée que lorsqu'un enfant s'exprime. Et pourtant, descendre un enfant pour qu'il la boucle enfin est interdit par la loi.

Alors, que faire ?

Ne vous inquiétez pas, amis lecteurs, nous avons tout prévu.

Ah, bon sang, vous avez été bien inspirés d'acheter ce livre !

COMMENT S'ADRESSER À UN ENFANT

L'enfant, être inachevé en pleine mutation, ne dispose que d'un vocabulaire restreint, appris sur le tas sans en maîtriser parfaitement le sens, surtout quand il a des parents comme vous. C'est dire si, pour le petit être, le ton sur lequel on s'adresse à lui est important. Faites l'expérience : approchez-vous de votre enfant en grimaçant de rage et hurlez : « TU VEUX QUE JE T'OFFRE UNE GLACE ? » Il vous regardera avec terreur et ses petits yeux se rempliront de larmes. Essayez, vous verrez, c'est très amusant.

Il importe donc d'employer avec subtilité toute une gamme de vocalisations aptes à faire passer le message. Voyons-les.

Le langage bébé

Il sera utilisé pour les câlins, avant le dodo, pour réconforter l'enfant, bref, à tous les moments où le hurlement désarticulé (*voir infra*) pourrait sembler inefficient. Prenez l'enfant dans vos bras, parlez-lui à voix basse et donnez-lui un nom d'animal gentil. Le lapin, le chat, la grenouille, la crevette et même la puce sont des animaux gentils. Faites précéder le nom choisi du pronom « mon » si l'enfant est un garçon et qu'il est à vous, « ma » si c'est une fille. Par exemple : « ma puce ».

Important : Ne donnez pas à l'enfant un nom d'animal de sexe opposé. Par exemple : « mon puce » ou « ma lapin ». Ce serait grotesque. Un peu de sérieux, bon sang !

Si l'enfant a été sage, vous pouvez faire précéder le nom de l'animal par l'adjectif « petit » ou « gros », au choix. Par exemple : « mon petit chat » ou « mon gros lapin ».

Important : Accordez l'adjectif au genre du nom choisi. « Ma gros crevette » serait inexact.

Pas si simple, hein ?

Il y a une autre méthode : le diminutif affectueux.

Le diminutif affectueux est recommandé aux parents analphabètes qui éprouveraient des difficultés à trouver un nom d'animal gentil, puis à respecter toutes les règles grammaticales nécessaires à la mise en œuvre du langage bébé. En effet, il ne s'agit là que de choisir dans le prénom de l'enfant une syllabe d'aspect sympathique, puis de la doubler. Par exemple, si votre enfant s'appelle Henri, « Riri » sera beaucoup plus approprié que « Henhen ».

Pour le reste, le langage bébé procède de la plus simple bêtification, vouant aux gémonies les passés simples, les compléments d'objet directs, les circonstanciels de lieu et même les pronoms démonstratifs. Par exemple : « Qui c'est qui va faire un gros dodo ? C'est ma petite puce. »

Autre exemple : « Oh, qu'il a un gros bobo, mon Riri. Papa va faire un bisou. Voilà. A pu bobo. Fini bobo. »

Le langage normal

Il sera utilisé dans les moments où l'enfant se comporte normalement, c'est-à-dire sans pleurer, sans crier, sans gémir, sans faire une bêtise, sans s'empiffrer, sans baver, sans retenir sa respiration, sans vomir, sans courir en tous sens, sans tomber, sans appeler sa mère. Autant dire que le langage normal est rarement utilisé avec l'enfant. Laissons tomber le langage normal.

Le gémissement culpabilisant

Chaudement recommandé aux mères, qui laisseront sportivement à leur mari l'exclusivité du hurlement désarticulé (*voir infra*), le gémissement culpabilisant consiste, comme son nom l'indique, à donner mauvaise conscience à l'enfant qui vient de commettre un désastre ou qui est sur le point de le faire.

Par exemple : « Oooh... Regarde ce que tu as fait. Maintenant, maman va devoir tout nettoyer. »

Ce mode de communication parent-enfant est évidemment séduisant, facile à mettre en œuvre, presque instinctif. Mais il est de notre devoir d'attirer l'attention de ceux parmi nos lecteurs qui opteraient trop aveuglément pour le gémissement culpabilisant sur ce point essentiel : tenter de donner mauvaise conscience à un enfant est illusoire. Il est de notoriété publique en effet que les enfants sont inconscients.

Le glapissement de terreur

Utilisé indifféremment par le père et la mère, ce cri primal échappe aux plus flegmatiques d'entre nous, devant les inventions insensées de nos chers petits. Par exemple : « Attention ! ». Autres exemples :
« Ne touche pas à la tondeuse ! »
« Pose ce revolver ! »
« Descends tout de suite de cette échelle ! »
« Ne parle pas comme ça à monsieur l'Oberschrtumpführer ! »

L'encouragement sportif

Extrêmement populaire auprès des parents, l'encouragement sportif est — pardonnez-nous l'expression — mis à toutes les sauces. Par exemple : « Allez, plus que deux cuillères et c'est fini. » Autre exemple : « Fais voir comme tu es costaud ? Oh, qu'il est costaud, le Lulu !... Tu serais cap' de porter le sac à provisions de maman qui est très chargée et que ça arrangerait bien jusqu'à la maison ? »

La menace sourde

Prononcée à voix basse, le regard vissé dans celui de l'enfant surexcité qui saute sur votre lit en hurlant, la menace sourde peut avoir son effet. Empiriquement, le petit être sait qu'elle est annonciatrice de représailles.

Les menaces en elles-mêmes peuvent revêtir des formes diverses. Par exemple : « Reviens finir ta viande. Tu veux que papa se mette en colère ? » Le tout est d'assener la menace suffisamment tôt pour que le petit n'ait pas franchi le point de non-retour au-delà duquel il est devenu sourd aux menaces sourdes. Il faut alors monter d'un cran.

La grosse voix

Il s'agit là du dernier stade avant la perte totale de self-control. Les parents qui font la grosse voix conservent en effet quelques traces d'humanité, qui les empêchent encore d'expédier l'enfant par la fenêtre. C'est dire si ce dernier, prudent par nature, est sensible à la grosse voix. À moins bien sûr qu'un nouveau point de non-retour ait été franchi. Il faut alors encore monter d'un cran.

Le hurlement désarticulé

Apanage du père, le hurlement désarticulé impressionne l'enfant et défoule l'adulte. La mère tremble de frayeur et s'enferme dans la cuisine, les voisins saisis d'effroi appellent Police Secours. L'intrusion de la force publique dans le F-3 familial produit toujours un effet apaisant sur l'enfant qui, fasciné, regarde avec ses yeux d'enfant (justement) tous les monsieurs en blouson bleu qui ceinturent papa, lui passent les bracelets et le traînent dans l'escalier par les pieds tandis que maman hurle : « Mondieumondieu, j'aurais dû écouter ma mère ! » Plus tard, dans la quiétude du commissariat, le père connaît enfin un peu de repos. L'enfant, lui, a quelque chose d'excitant à raconter à l'école. La mère fait ses valises.

L'OPINION D'HERMANN PAULL

Le seul moyen de se faire entendre d'un enfant, c'est de hurler plus fort que lui.

LA RÉACTION DES AUTEURS
Bien dit, Hermann ! Enfin un pédiatre qui en a dans le calbard !

UN BON CONSEIL

L'enfant n'obéit jamais quand on lui parle normalement ; avec lui, il faut toujours hurler pour se faire entendre. Alors à quoi bon perdre du temps, monsieur ?

HURLEZ AVANT D'ÊTRE ÉNERVÉ !

Vous gagnerez un bon quart d'heure.

On le voit, la gamme des vocalisations qui nous sont offertes est très large. On ne sait que choisir.

L'enfant, lui, ne connaît pas semblable dilemme. Il s'exprime invariablement d'une voix aiguë, à un rythme précipité et en cherchant ses mots, ce qui fait qu'il oublie la plupart du temps ce qu'il voulait nous dire. Le meilleur moyen de faire taire un enfant qui trépigne depuis un quart d'heure pour vous dire quelque chose est donc de lui donner la parole et d'attendre, avec un bienveillant sourire, qu'il s'exprime. C'est sans risque, il a depuis longtemps oublié.

Ou alors il vous pose une question.

POURQUOI DISENT-ILS TOUJOURS « POURQUOI » ?

Les enfants ne connaissent rien. Les choses les plus banales leur semblent extraordinaires. Tant de naïveté confond l'esprit, par moments on dirait qu'ils le font exprès. Mais les enfants, lucides, ont conscience de leur abrutissement et comptent sur nous, les parents, pour les tirer de là.

À première vue, c'est charmant. Le bon vieil instinct de la connaissance et toute cette sorte de choses, dirions-nous. Insatiable, l'enfant a soif d'apprendre, et promène son petit regard chassieux mais émerveillé sur tout ce qui l'entoure, le doigt pointé et le nez en l'air, en demandant : « Pourquoi ? »

À la longue, avec le recul, au fil des jours, quand on y pense à tête reposée, en prenant de la marge et en dernière analyse, les « pourquoi ? » de l'enfant peuvent pourtant se révéler pénibles.

LE TYPE QUI A INVENTÉ LE MOT « POURQUOI » N'A PAS INTÉRÊT À CROISER UN PARENT !

Néanmoins, il faut bien répondre, ne serait-ce que parce que l'enfant, obstiné de nature, croira que vous n'avez pas entendu et insistera (« Hein, papa ? Dis, papa, hein, pourquoi, dis ? ») jusqu'au-delà du seuil de saturation.

Quatre solutions s'offrent dès lors au parent questionné :
1) Répondre à la question.
2) Répondre « Parce que ! » en roulant des yeux fous aptes à terrifier l'enfant.
3) Confier son éducation à une gouvernante anglaise (who will be rolling some fools eyes in order to terrify the child and will respond « Because ! »).

On voit tout de suite que les solutions 2 et 3 ne sont que des pis-aller. Allons ! Soyons fair play ! Notre cher fichu vieux rôle de parent n'est-il pas de transmettre notre savoir, ou tout du moins une partie, on ne sait jamais, il faut toujours garder en réserve quelque botte secrète, quelque arm-block inédit ou quelque recette de gaufres qui, assenés au bon moment, plus tard, bien plus tard, prouveront à l'enfant devenu grand, bien plus grand, que l'heure n'est pas encore venue de vous jeter à la rue avec un quignon de pain et une couverture, et alors l'enfant épaté se frappera les cuisses et s'exclamera : « Bon sang ! Le vieux bougre m'étonnera toujours ! Gardons-le encore un peu, on sait jamais. Tiens, Marie, fais-lui une place dans l'étable, entre l'âne et le bœuf, il sera au chaud, y a de la paille sèche. » Hein, dites ? Qu'est-ce que vous en pensez ? C'est bien là notre rôle, n'est-il pas ?

LE BON TRUC
DU Dr FITZHUGH DODSON

La liberté d'exprimer ses sentiments est l'un des plus grands cadeaux que vous puissiez faire à votre enfant.

LA PRÉCISION DES AUTEURS
Et en plus, c'est gratos !

LE TRISTE CONSTAT DU Dr COHEN-SOLAL

Je suis souvent très frappé par la manière dont les parents répondent vertement à leurs enfants, les rabrouent, leur signifient qu'ils les dérangent. Si cette manifestation de l'enfant se produit alors que des adultes sont réunis ou les parents occupés, « Laisse-moi tranquille » ou « Va jouer » sont les deux réponses les plus courantes.

L'AFFLIGEANT RAJOUT DES AUTEURS
« Fais pas chier, merde ! » est, hélas, encore plus fréquent.

Bien. Il faut donc répondre aux questions des enfants. Mais attention : NE PROFITEZ PAS DE LEUR PETITE TAILLE POUR LEUR FAIRE GOBER N'IMPORTE QUOI !

Ça, c'est lâche. C'est drôle, d'accord, mais c'est lâche. Prenons un exemple.

En 1728, une année calme du règne de François Ier, juste entre les terribles années 1727, date de la sanglante bataille de Solferino, et 1729, époque de la cruelle révocation de l'édit de Nantes et de la Grande Peste de 1347, Marie-Edmée Pasteur, une brave femme pourtant, tenancière du « Vrai Chic Parisien », mercerie-bonneterie à Dole, avait attrapé un rhume. C'était en mars. Le 8 mars 1728, précisément. Et il pleuvait sur Dole ce jour-là. Le petit Louis, son fils, un enfant charmant au demeurant, jouait aux Lego sur le parquet de la mercerie-bonneterie, coulant de temps à autre vers sa brave dame de mère des regards pétillants de curiosité.

À la fin, il n'y tint plus et demanda :
— Dites, mère, pourquoi reniflez-vous de la sorte ?
— Parce que j'ai un rhume, Louis.
— Et pourquoi avez-vous eûtes un rhume, mère ? (Le petit Louis, enfant charmant au demeurant, était toujours premier en sciences-nat, mais avait des problèmes avec les conjugaisons. C'est ainsi. C'est historique.)
— Parce que... Parce que c'est comme ça, Louis.
— Oui, mais quand même, pourquoi que quand on eussiez attrapé un rhume qu'on reniflâte ?
— Parce que (faites bien attention à ce qu'elle va dire, la malheureuse) c'est des petites bêtes toutes petites qui me chatouillent le nez ! Va jouer maintenant !

La pauvre femme, sans le savoir, venait de faire basculer l'Histoire. Avant, c'était simple : on était en bonne santé, jusqu'à ce qu'une humeur vous tombe dessus. Si on n'était vraiment pas verni, c'était une humeur peccante. Une bonne petite saignée et hop, on n'en parlait plus. Et voilà que, dans cette modeste boutique de Dole et par un temps pluvieux, tout ce savant édifice venait de s'écrouler.

Sur le coup, Marie-Edmée — une brave femme au demeurant, l'avons-nous signalé ? — ne se rendit compte de rien. Elle se remit à son ouvrage, ricanant en son for intérieur et se disant : « Où vais-je chercher tout ça, quand même, il faudra que j'en parle à Robert, mon cher époux », sans remarquer la lueur étrange qui brillait maintenant dans le regard de Louis.

Louis Pasteur, oui, c'était lui, Louis, eh oui, Louis Pasteur venait d'inventer les microbes, la rage, la vaccination, le beurre pasteurisé, la symphonie pastorale, l'Institut et le lycée Pasteur. Rien ne serait plus comme avant.

C'est dire s'il faut faire gaffe.

Ne prenez pas cet air effondré. Nous savions bien que vous n'y arriveriez pas tout seul. Sinon, vous n'auriez pas acheté ce guide, pas vrai ? Vous auriez acheté un roman ! Un prix Goncourt, même ! Rempli de mots !

Ah là là. On peut dire que vous avez de la chance de nous avoir trouvés, tiens. D'autres que nous auraient déjà renoncé, et nous les connaissons ! Poursuivons :

Les enfants posent trois sortes de questions. On ne peut les confondre.

LES QUESTIONS STUPIDES

Il y en a de toutes sortes. L'enfant, être mystique pour qui tout est merveilleux, ne recule devant aucune absurdité, et c'est pour cela que nous l'aimons tant. Relevons, entre autres :

— Comment les poissons font caca ?
— Pourquoi le feu y passe au vert ? (Syntaxe déplorable, typiquement enfantine.)
— Qui t'aimes mieux, mon frère ou moi ?
— Où il habite, l'ascenseur ?

Il est inutile de répondre aux questions stupides.

LES QUESTIONS GÊNANTES

L'enfant est un individu assez peu social, pour qui les notions de tolérance, de charité, de politesse ou même de prudence sont assez floues. C'est ainsi qu'un enfant, même charmant, peut vous mettre dans une situation embarrassante, parfois sans le vouloir. Ce genre de question est toujours posée à voix haute, très haute, de préférence dans un endroit fermé genre métro, dont vous ne pouvez vous échapper en courant si les choses tournent mal. Relevons, entre autres :
— Pourquoi le monsieur il est noir ?
— T'as vu la dame comme elle est vieille ! Elle est morte ?
— Pourquoi le monsieur il a qu'une jambe ?
— Tu trouves pas qu'elle sent mauvais, la madame ?
— Hein, qu'elle sent mauvais ?

Il est dangereux de répondre aux questions gênantes.

LES QUESTIONS TECHNIQUES

Là, c'est encore pire. Dans sa soif de savoir, l'enfant ignore qu'un grand nombre des choses de la vie quotidienne relèvent d'une haute technologie dont vous n'avez jamais cherché à percer le secret, ou du moins plus depuis que vous avez résilié votre abonnement à *Tout l'Univers*. L'enfant ignore que l'on ne pose pas ce genre de question. Relevons, entre autres :
— Comment ça marche, la lumière ?
— Et la télé, comment elle marche ?
— Pourquoi il vole, l'avion ?
— Comment ça se fait que quand je tape ENTER KEY

puis GO TO RERUN 2 × 22 QUARK CODE INITIALIZING MEMO l'écran affiche RETURN TO BX 16 F ?

Il est impossible de répondre aux questions techniques.

LE COUP DE BLUES DE FRANÇOISE DOLTO

Bah ! Expliquer, expliquer...

LES AUTEURS
Ouais, bof, à quoi bon...

LES GRANDES QUESTIONS

Il arrive parfois que l'enfant formule une question sensée. Voire même importante, du genre la vie, la mort, la sexualité, le vieillissement ou le cours du pétrole. Le fait est tellement surprenant que 97 % des parents sont pris de court, rougissent, bredouillent et ne parviennent qu'à donner une réponse lamentable. Les 3 % restants, plus misérables encore, quittent la pièce précipitamment et vont se cacher dans leur chambre, sans manger.

Il était temps que cela cesse. Ne laissez pas votre enfant vous déstabiliser à cette occasion, vous faisant dévier par cette attaque surprise de l'axe d'éducation que vous vous êtes choisi. Il y a quelques chapitres de cela, rappelez-vous, vous avez opté pour l'éducation permissive, stricte, fusionnelle ou énervée. Vos réponses doivent être conformes à cette ligne. Il en va de l'avenir de l'humanité. Et même de l'Humanité-dimanche. C'est dire si l'enjeu est important.

Vous voulez des exemples ? Allons-y.

Question n° 1 : « Dis, papa, comment on fait un enfant ? »

Réponse permissive : « Je suis content que tu me poses cette question. Elle m'indique que tu abordes un cap important de ton développement psycho-cognitif. Tu es grand, maintenant, tu peux comprendre le fascinant mystère de la vie. Voilà, c'est très simple : papa introduit son pénis dans le vagin de maman, puis libère des spermatozoïdes qui viendront féconder son ovule... Attends, je vais te faire un dessin. »

Réponse stricte : « Ce n'est pas de ton âge. »

Réponse fusionnelle : « Les petites abeilles viennent déposer du miel dans des petites fleurs, roses pour les filles, bleues (clair) pour les petits garçons. Alors la gentille cigogne prend la fleur et la donne à la fée qui la change en bébé. Tu as compris ? Viens faire un câlin à papa... »

Réponse énervée : « Je peux pas avoir cinq minutes de calme, non ? Demande à ta mère ! »

Question n° 2 : « Dis, papa, il existe vraiment, le Père Noël ? »

Réponse permissive : « Je suis content que tu me poses cette question. Elle m'indique que tu abordes un cap important de ton développement psycho-intellectuel. Tu es grand, maintenant, tu peux affronter la réalité. Voilà, c'est très simple : le Père Noël n'existe pas... Mais... Pourquoi tu pleures ? »

Réponse stricte : « Eh bien non, le Père Noël n'existe pas. Chaque hiver, papa travaille très dur pour vous offrir à tous de beaux cadeaux. Cette année, si tu es sage, je t'offrirai peut-être ma belle collection de *Tout l'Univers*. Va aider ta mère, maintenant. »

Réponse fusionnelle : « Mais oui, mon gros bêta. Bien sûr, qu'il existe ! Et tu vas voir, il va encore t'apporter plein de cadeaux, cette année. Viens faire un câlin à papa... »

Réponse énervée : « Mais bordel, est-ce qu'on va encore me bassiner longtemps avec ces questions à la con ? Non ! Il existe pas, le Père Noël ! Voilà, tu es content ? Va pleurer chez ta mère, maintenant ! »

Question n° 3 : « Dis, maman, c'est qui le monsieur qui vient te voir quand papa est au travail ? »

Réponse permissive : « Je suis contente que tu me poses cette question. Elle m'indique que tu abordes un cap important de ton développement psycho-affectif. Tu es grand, maintenant, tu peux comprendre que tu as intérêt à la fermer, sinon maman te donne une grande baffe, compris ? »

Réponse stricte : « C'est le révérend père Riquet, mon confesseur. »

Réponse fusionnelle : « C'est rien, mon grand, c'est rien. Écoute, j'ai une bonne idée : ce sera notre secret, d'accord ? Tiens, voilà cent francs. Si tu ne dis rien à papa, tu auras encore cent francs la semaine prochaine... »

Réponse énervée : « Vous êtes tous contre moi, dans cette maison, ou quoi ? Écoute-moi bien : si tu parles de ça à ton père, c'est la pension, vu ? Chez les jésuites ! »

L'ÉCOUTE DYNAMIQUE

Bien souvent, les parents ont le sentiment qu'il leur serait plus facile de communiquer avec un lézard géant des îles Galapagos qu'avec leur propre enfant. Impression justifiée : rien au monde n'est plus ardu que de comprendre son enfant. Tous les spécialistes vous le diront, à commencer par le Dr Thomas Gordon. Un homme qui a beaucoup réfléchi au problème. Et beaucoup souffert. Et dont les conclusions n'ont pas fini de nous stupéfier. Parents attentifs, soucieux de dialoguer avec votre rejeton afin de l'aider à s'épanouir, vous croyez sans doute bien faire en lui prodiguant conseils et suggestions diverses ? ERREUR ! *L'habitude de donner des conseils peut inciter l'enfant à consacrer tout son temps à réagir aux idées de ses parents et à ne rien faire pour élaborer les siennes,* nous déclare le Dr Thomas Gordon.

Mais alors, peut-on tout de même mettre le petit être en garde contre les dangers de l'existence ? SURTOUT PAS ! *Les enfants sont tentés de faire ce qu'on leur a défendu simplement pour vérifier si les conséquences que le parent a annoncées vont se produire véritablement,* nous avertit le Dr Gordon.

Peut-on au moins questionner l'enfant, l'interroger sur ce qui l'inquiète ? JAMAIS ! *Interroger n'est nullement une méthode efficace pour faciliter la communication, cela limite au contraire considérablement la liberté de la personne avec qui on communique,* nous affirme le Dr Gordon.

Alors rassurer, consoler, réconforter ? NON ! *Rassurer un enfant troublé par un événement ou par toute autre chose peut tout simplement le convaincre que vous ne le comprenez pas,* nous susurre le Dr Gordon d'une voix rauque.

Alors complimenter, approuver, être d'accord ? N'Y PENSEZ PAS ! *On croit que les compliments sont toujours bénéfiques aux enfants, mais contrairement à cette croyance très répandue, ils ont souvent des effets négatifs,* nous assène le Dr Gordon.

Alors plaisanter, faire de l'humour ? BON SANG, VOUS ÊTES MALADES OU QUOI ? *De tels messages peuvent faire croire à l'enfant que vous ne vous intéressez pas à lui, que vous ne respectez pas ses sentiments ou que vous le rejetez nettement,* nous balance le Dr Gordon. Ah, c'est sûr, le Dr Thomas Gordon n'est pas le genre de joyeux vieux type qui vous remonte le moral !

En définitive, y a-t-il une solution ? L'échange est-il seulement possible entre les générations, le monde n'est-il qu'un long cri d'horreur modulé par mille voix grasseyantes, ou le Dr Thomas Gordon est-il simplement cintré ? Existe-t-il une foutue méthode pour communiquer de façon constructive avec son enfant ? Eh bien, chers lecteurs, nous avons l'immense plaisir de vous l'annoncer : la réponse est oui ! Oui, cette foutue méthode existe ! Nous l'avons baptisée ÉCOUTE DYNAMIQUE et, pour l'avoir appliquée sans fléchir, nous sommes aujourd'hui, n'ayons pas peur de le dire, des pères absolument comblés, détendus, radieux, et somme toute bien sympathiques. Mais si. Et voilà qu'à présent, cette méthode miracle, amis parents, nous allons vous en révéler le secret, tel quel, sans la moindre augmentation de tarif ! C'est à peine croyable. Démonstration :

Phase I : Décoder pour comprendre

Le plus difficile, quand un enfant vous parle, c'est de réussir à se convaincre qu'il a réellement quelque chose à dire. Le petit être, il est vrai, est desservi par de multiples handicaps qui font qu'on a du mal à le prendre au sérieux :
— sa taille ridicule ;
— son physique enfantin ;
— sa tenue négligée ;
— sa voix insoutenable ;
— son vocabulaire extrêmement restreint.

De plus, par ses jeux, ses hurlements, ses crises de nerfs, l'enfant entretient un bruit de fond permanent qui amène très vite tout adulte normalement constitué à se boucher mentalement (et parfois même physiquement) les oreilles en sa présence. Ce qui, bien sûr, ne favorise pas le dialogue.

Pourtant, il faut s'en convaincre, ce que dit l'enfant a un sens. De temps à autre. Comprendre ce sens est le prélude obligé à toute écoute authentiquement dynamique. La difficulté étant que l'enfant ne s'exprime pas « en clair », comme vous et moi ; la plupart du temps, ses messages sont « codés ». D'où la nécessité de prêter un minimum d'attention à ses propos.

S'il vous dit par exemple : « J'ai faim », cela ne signifie nullement qu'il est prêt à se mettre à table pour ingurgiter un repas complet ; traduisez plutôt : « Papa, donne-moi du chocolat. » De même, s'il vous demande tout à trac : « Maman, ils sont méchants, les policiers ? », n'en déduisez pas qu'il s'intéresse soudain au fonctionnement de la cité ; comprenez simplement : « Maman, j'ai poussé mon frère par la fenêtre et j'ai peur d'aller en prison. »

Avec les enfants, c'est ainsi : il ne faut jamais arrêter de décoder.

Phase II : Parler pour dire

Comprendre ce que dit l'enfant est une bonne chose ; reste à lui répondre efficacement. Là encore, chers parents, vous devrez rester en état d'éveil maximum et mobiliser toutes vos capacités de concentration. Prenons un exemple simple. Le petit Honorin, cinq ans, réclame un bonbon à son papa, alors qu'il vient déjà d'en avaler dix-huit. Voici d'abord comment un père réagit habituellement à ce genre de situation :

Honorin. Bonbon, papa !
Papa. La ferme !
Honorin *(hurlant)*. Bonbon, bonbon !
Papa *(froissant brusquement son journal)*. Demande à maman, merde, tu vois bien que j'essaie de lire ! Et puis tu en as déjà bouffé des tonnes, des bonbons, tu tiens vraiment à avoir toutes les dents pourries ?
Honorin *(trépignant)*. Bonbon, bonbon !
Papa *(roulant des yeux fous)*. Arrête de gueuler, nom de Dieu, ou je me lève et je t'éclate la tête !

Maman *(Surgissant de la cuisine).* Si tu lèves la main sur le gosse je te jure que je cours aux flics !
Papa *(se jetant sur maman).* Roulure !
Honorin. Bonbon, bonbon !
Maman. Au secours !
Le voisin du dessus. C'est pas bientôt fini, ce vacarme ?
Papa *(se tenant le ventre).* Ah, la garce, elle m'a suriné...
Honorin. Bonbon, bonbon !

Il est bien évident qu'ici le père n'a fait aucun effort pour se mettre à l'unisson des sentiments d'Honorin, ni pour comprendre vraiment ses motivations. Au lieu de cela, il s'est contenté de lui donner quelques conseils superficiels, de lui adresser quelques paroles rassurantes en pensant que cela suffirait à l'aider. Hélas, il n'en est rien. Voyons maintenant la même situation en faisant intervenir la méthode de l'écoute dynamique :

Honorin. Bonbon, papa !
Papa *(posant son journal).* Tu me dis que tu voudrais un bonbon. Je te réponds que tu en as déjà eu beaucoup aujourd'hui.
Honorin *(hurlant).* Bonbon, bonbon !
Papa. Tu me dis que tu as très envie d'un bonbon. Je te dis, moi, que les bonbons sont mauvais pour les dents quand on en mange trop.
Honorin. Bonbon, bonbon !
Papa. Oui, tu me dis que décidément tu rêves d'un bonbon, mais je te répète que tu en as mangé assez.
Maman *(surgissant de la cuisine).* Peux-tu cesser cesser de faire hurler ce gosse une minute ? C'est infernal !
Honorin. Bonbon, bonbon !
Papa. Tu me dis « Bonbon, bonbon », et moi maintenant je te dis : Ta gueule !
Honorin *(à pleins poumons).* Bonbon ! Bonbon !
Papa *(vociférant).* Je te dis que tu en as déjà bouffé des tonnes, des bonbons, et que ça commence à bien

faire, et je te dis aussi que si tu n'arrêtes pas de gueuler, je me lève et je t'éclate la tête !
Maman *(à papa : écoute dynamique).* Tu nous dis que t'es furax, mais moi je te dis de te calmer ou sinon je cours aux flics !
Etc, etc.

Notez cette fois l'atmosphère totalement différente de la relation parents-enfant, et comme en utilisant l'écoute dynamique le père ne se hâte plus de conseiller ou de rassurer superficiellement. Il prend très au sérieux les arguments d'Honorin, sans les tourner en dérision, et, en les lui renvoyant, il lui fait savoir qu'il comprend vraiment ses sentiments. Dès lors, il est en mesure de répondre à l'appel lancé par son fils. C'est génial.

Brièvement, avec le même exemple encore, une variante ultra-rapide de l'écoute dynamique :

Honorin. Bonbon, papa !
Papa *(sans lâcher son journal).* Tu me dis que tu voudrais un bonbon. Je te réponds qu'il n'y en a plus.

Et voilà, point final, c'est net et sans bavures. Certains parents ne manqueront pas de s'offusquer et de nous dire : « S'il n'y a vraiment plus de bonbons à la maison, bravo les gars, c'est bien joué, mais s'il y en a encore, alors vous avez menti à l'enfant. » Parfaitement exact. Et après ?

MENSONGES, NON-DIT, MAGIE DE L'ENFANCE

Oui, oui, c'est entendu, la huitième de nos dix règles d'or stipulait de façon expresse qu'on ne doit pas mentir à un enfant. D'accord. N'y revenons pas. Vous avez raison. Merci de nous le rappeler. C'est gentil. Mais de grâce, gardons-nous de prendre les choses trop au pied de la lettre ! Ne commençons pas à gober n'importe quoi uniquement parce que c'est écrit noir sur blanc dans ce livre, aussi remarquable soit-il ! Parce que ne pas mentir aux enfants, bon, admettons, mais ça signifie quoi, qu'on doit tout leur dire, aux enfants ? Qu'on doit leur dire dès leur plus jeune âge, par exemple, que le Père Noël n'existe pas ? Ah, avouez que ce serait infect ! Et pourtant, c'est tout de même un sacré mensonge, le Père Noël, non ? Et les cloches de Pâques qui sèment les œufs en chocolat dans les jardins ? Et le nez qui s'allonge quand on ment ? Et la petite souris qui apporte un cadeau sous l'oreiller quand on a perdu une dent ? Et la réincarnation de Bouddha ? Et l'allégement des impôts promis par le gouvernement ? Mensonges que tout cela, naturellement, mais mensonges merveilleux, délicieux, et sans lesquels l'enfance ne serait plus vraiment l'enfance, franchement !

Pour être mieux comprise, notre huitième règle d'or doit donc être nuancée. Enrichie. On pourrait, par exemple, la reformuler ainsi : *On ne mentira pas à l'enfant, sauf si le mensonge a pour but manifeste d'ajouter à la magie de l'enfance.* Voilà. Cette fois, c'est clair.

Et puis, osons le dire, il est quand même beaucoup plus facile de mentir à un enfant que de perdre un temps insensé à lui expliquer le pourquoi du comment. Le gain de temps est considérable, c'est vrai, quoi. Et puis, merde, est-ce qu'il se gêne, l'enfant, pour mentir ? Hein, dites, est-ce qu'il se gêne ? Quand il vous dit qu'il s'est lavé les mains, ou qu'il a rangé sa chambre, c'est vrai, peut-être ?

L'OPINION DU Dr SPOCK

L'enfant de trois ans qui dit qu'une girafe occupe sa chambre ne ment pas.

LE DIAGNOSTIC DES AUTEURS
Il boit.

LES 50 MOTS LES PLUS UTILISÉS DU VOCABULAIRE PARENTS-ENFANTS

ARRÊTE(Z) ! : Cri d'angoisse des parents, appel exaspéré au bon sens de l'enfant, ultime avertissement avant la baffe. Doit être hurlé sur un mode suraigu pour avoir une chance de porter.

ATTENTION ! : Autre cri d'angoisse des parents marquant l'imminence d'une catastrophe inévitable (bol de chocolat sur la moquette, tir de ballon dans les vitres, choc enfant-bitume). Fréquence d'utilisation : huit à dix fois par jour en semaine, au-delà de vingt fois durant le week-end.

BIEN : But final de l'éducation prodiguée par les parents à leurs rejetons. Justification de toute mesure coercitive (« C'est pour ton *bien* »).

BOBO : Petit bouton, coupure infime, rougeur, mais aussi zone de contact genou d'enfant / mur de crépi, front / coin de meuble, paume / gravier. L'enfant a toujours *bobo* quelque part. C'est odieux.

BONBON : Appel lancinant lancé par l'enfant pour exprimer son besoin de glucose. Peut être répété vingt, trente, cinquante fois de suite. L'enfant qui reçoit autant de *bonbons* qu'il en demande est appelé obèse.

BONNE : Vocable négatif par lequel la mère se désigne elle-même, tout en niant cette qualité, ce qui ne cesse de laisser l'enfant perplexe (« Je ne suis pas ta *bonne !* »).

BOUE : Les parents redoutent la *boue*. Dès qu'ils en repèrent une flaque, ils crient « Attention à la *boue !* » et font des grands gestes avec les bras, mais c'est trop tard : l'enfant a déjà marché dans la boue avec ses chaussures neuves[1]. Il y a une profonde attirance réciproque entre l'enfant et la *boue*.

CACA : Mot fétiche de l'enfant, souvent employé dans la formule fameuse « *caca*-boudin ». Le simple fait de prononcer le mot *caca* plonge l'enfant dans une bruyante hilarité, sauf lorsqu'il dit : « J'ai fait *caca* dans ma culotte. » Là, il pleure.

CALME : Mot typique des parents, qui l'adressent fréquemment à l'enfant (« Allons, un peu de *calme !* », « Du *calme !* »), mais se le disent aussi entre eux. À noter : plus le mot *calme* est utilisé et plus la tension monte. Quand la mère dit au père : « *Calme*-toi ! », elle est très énervée. Quand le père répond : « Je suis parfaitement *calme* », il est au summum de l'exaspération. Dans ces moments-là, l'enfant a intérêt à faire gaffe.

CÉÇUIKIDIKILÉ : Argumentation enfantine désespérée.

CHOCOLAT : Voir *bonbon*.

DIX : Point limite de tolérance des parents (« Je compte jusqu'à *dix*, et c'est ma main dans la gueule ! »).

DODO : Petit atténuatif très utile à l'heure du coucher. Quand on dit à un enfant qu'il est temps d'aller « faire *dodo* », il proteste, mais sur un mode geignard, adouci, sans conviction réelle, et en tout cas

1. Les enfants ont des pieds qui grandissent sans arrêt, d'où le fait qu'ils ont toujours des chaussures neuves.

beaucoup moins que si on lui avait dit : « Va au lit, c'est l'heure de dormir. » *Dodo* est un mot magique. Et les enfants sont des niais.

FATIGUÉ(E) : Doux euphémisme pour « infernal ». On dit que l'enfant est *fatigué* quand il braille, qu'il bondit sur les meubles, qu'il s'accroche aux invités en hurlant, bref, quand il provoque un raffut égal ou supérieur à 5000 décibels. *Fatigué* ou pas, il est effectivement grand temps d'aller le coucher, éventuellement avec un coup de Nopron.

GÂTÉ-POURRI : Locution utilisée par les parents pour désigner l'enfant qui revient de chez sa grand-mère.

GENTIL : Quand l'enfant part pour l'école, on lui dit : « Et tâche d'être *gentil*, hein ? » Quand il rentre à la maison, on lui demande encore s'il a été *gentil*. Et quand il veut raconter sa journée, on lui dit : « Sois *gentil*, va jouer dans ta chambre. » Et le plus étonnant, c'est que malgré toutes ces exhortations, l'enfant n'est pas *gentil*. Damnée tête de mule !

GRAND : Substantif trompeur. Particulièrement. Car un enfant n'est jamais *grand*. Sa taille restreinte est même, nous l'avons vu, une de ses caractéristiques. Les parents utilisent le mot *grand* à des fins toujours manœuvrières. « Tu es *grand*, maintenant » signifie : « Laisse ce jouet à ton petit frère. » « Allez, allez, tu es *grand* » signifie : « Arrête de pleurer pour ce petit bobo. »

Les enfants, qui n'ont rien compris, s'acharnent pourtant à devenir grands.

INAMOVIBILITÉ : Mot prononcé par l'enfant après son élection au Sénat. Généralement, ses parents ne sont plus là pour l'entendre.

JOUET : Les enfants veulent toujours qu'on leur en achète, les parents veulent toujours qu'on les range. Le *jouet* est une pomme de discorde ancestrale entre les générations.

KETCHUP : Aliment de base de l'enfant. Premier mot qu'il prononce lorsqu'il se met à table.

MAL : Prétexte des punitions, coups, brimades, vexations et ricanements divers infligés par les parents à un enfant fautif (« Tu as cassé le vase du salon, c'est *mal* »). Piètre consolation accordée par les parents au pauvre gosse qui vient d'encaisser la gifle (« Ça me fait plus de *mal* qu'à toi »).

MAMAN : Mot fréquemment utilisé par l'enfant (« *Maman, maman,* j'm'ai fait bobo »), par le père (« Demande à *maman,* j'ai autre chose à faire ») et par la mère elle-même (« *Maman* aimerait bien avoir la paix cinq minutes »).

MÉCHANT : Souvent prononcé « méchon » par l'enfant. Sont réputés *méchants* tous ceux qui lui refusent un bonbon.

MÉDECIN : Recours suprême des parents (« Si tu n'es pas sage, j'appelle le *médecin !* »).

MILLE : Nombre magique très utilisé par les mères, notamment dans la locution : « Je t'ai déjà dit *mille* fois... ».

MOUSSAKA : Menace typique du père grec (« Si tu continues à brailler, je te fourre la tête dans la *moussaka !* »). La menace est encore plus terrifiante quand elle est dite en grec : « Ito poulo psito *Moussakiou* oristé papadopoulos ! Sirtaki ! »

ON EST PRESQUE ARRIVÉS : Locution favorite du père automobiliste assailli de demandes pressantes d'arrêt-pipi. Mensonge.

PAPA : Menace proférée par l'enfant en cas de bagarre à l'école (« Je vais le dire à mon *papa,* même qu'il est policier ! »).

PARCE QUE : Fin d'une explication foireuse. (« Mais pourquoi je peux pas regarder la télé ce soir, papa ? — *Parce que.* »)

PEUT-ÊTRE : Négation camouflée. (« Je pourrai regarder la télé ce soir, papa ? — Oui, *peut-être,* on verra. »)

PETIT : Diminutif affectueux employé par les parents, parfois même entre eux. Vocable méprisant utilisé par les enfants pour désigner l'un de leurs congénères, pour peu que l'individu soit dans une classe inférieure, à l'école.

PIPI : Voir *caca.*

PROUT : Trait d'esprit de l'enfant.

TÉLÉVISION : Synonyme pour les parents de dessins animés japonais nuls et ultra-violents, mais aussi de tranquillité lorsque l'enfant les regarde.

TRANSPARENT : L'enfant n'est pas *transparent.* Surtout lorsqu'il est situé entre son père et la télévision.

UN POINT : C'est tout. Locution définitive marquant la fin du temps qui était imparti à l'enfant.

VEINES : Toujours au nombre de quatre chez les parents, elles ont abondamment saigné pour que l'enfant puisse partir en vacances à Palavas.

ZYMOSIMÈTRE : Mot très rarement prononcé par l'enfant, et à peine plus par ses parents. Si vous en connaissez la définition, écrivez-nous, nous vous en offrirons une caisse.

Les Cahiers de l'IREP

Institut de Recherches sur l'Endurance Parentale

27, rue du Colonel Boudarel - Niort

CROIRE-OSER-PERSEVERER

Insititut fondé en 1897

Gaston Soupard — Cedric Rondel

Expérience n° 412. Stalingrad, 2 janvier 1943.
Archivée 412/AJ34/folio 143.

Sujet : M. Helmut Schreibe, 41 ans, conducteur de char, père de trois enfants.
Objet : Le sujet s'est engagé à emmener ses trois enfants (Grete, 14 ans, Rudolf, 10 ans et Fritz, 8 ans 1/2) dans son Panzer lors d'une offensive contre l'usine Octobre Rouge.
Coût : Mille marks et deux bouteilles de vodka.

DÉROULEMENT DE L'EXPÉRIENCE

6 h 30 — Début de l'offensive. Les chercheurs de l'I.R.E.P. suivent à bonne distance, à bord d'une auto-chenille Citroën arborant le drapeau de l'Institut, afin de la soustraire au feu du combat. Nos hommes sont en liaison radio permanente avec le Panzer du sujet.

6 h 48 — Violent bombardement soviétique. Les chercheurs de l'I.R.E.P. chaussent leur casque. Le Panzer fait un écart et le petit Rudolf se cogne la tête. Il pleure très fort. Les chercheurs de l'I.R.E.P. se munissent de boules Quiès. Le sujet crie pour avoir la paix.

6 h 50 — Le Panzer du sujet est pris à partie par une batterie antichar. Le sujet donne des signes

d'agitation : « Pousse-toi de là, toi ! Schnell ! » crie-t-il à la petite Grete qui est assise sur la soute à bombes. Le petit Rudolf pleure toujours. Quant au jeune Fritz, il semble s'être coincé dans le poste de pilotage, sous la pédale d'accélérateur. Les chercheurs de l'I.R.E.P. envoient l'un des leurs au-dehors, voir ce qui se passe.

6 h 53 — Aucune nouvelle de notre homme. Le Panzer du sujet semble être pris de folie. La tourelle tourne en tous sens, et il tire sans discontinuer des obus perforants sur les siens. La radio ne délivre que des messages incohérents : « Touche pas à ça ! » « Aidez-moi à virer ce gosse de la soute à munitions ! » « Pas le lance-flammes ! Non ! Pas le lance-flammes ! »

7 h 00 — L'apparente trahison du Panzer du sujet a démoralisé le reste de la troupe, qui bat en retraite. Les Russes contre-attaquent. Nous décidons de nous replier sans attendre notre camarade envoyé en reconnaissance. Ah, bon sang, la chenillette ne démarre pas ! Si, ça y est ! Tirons-nous, bon Dieu !

3 janvier — Le mouvement de démoralisation s'est amplifié, et le maréchal von Paulus vient de capituler. Nous n'avons pu être évacués. Les Rouges arrivent. Roger, qui parle un peu le russe, va tenter de leur expliquer que nous sommes des scientifiques français et que nous n'avons jamais fait de politique. Nous sommes sans nouvelles du sujet, et de notre camarade. Est-ce la fin ? Nous gardons espoir. Vive l'I.R.E.P. ! Vive la France !

ANALYSE

Enfants et tankistes ne font pas bon ménage durant une offensive.

PARENTS
ENFANTS

UNE
COHABITATION
DIFFICILE !

Si l'on accepte de regarder les choses en face, sans fard ni faux-fuyant, en toute lucidité, alors il faut admettre qu'il n'y a finalement que deux grands types d'enfants répandus sur la surface du globe : les siens et ceux des autres. Ceux des autres, amis parents, manifesteront peut-être une certaine retenue à votre égard ; les vôtres vous piétineront comme un paillasson dès leur plus jeune âge, et cela quoi que vous fassiez. C'est ainsi. On n'y peut rien. Les enfants des autres sont toujours plus supportables que les siens.

Mais pourtant, démentielle aberration de la destinée humaine, c'est avec les siens qu'il faut vivre ! Quotidiennement ! Dans ces conditions, on comprendra aisément que l'existence quotidienne de la famille nécessite un minimum d'organisation.

Un exemple entre mille : quand vous n'aviez pas d'enfant, l'Épiphanie était une vraie fête pour tout le monde. Chacun, quel que soit son sexe ou son origine sociale, avait une chance de piocher dans la galette des rois la part recelant la fève tant convoitée et de coiffer la dorée couronne. Avec un enfant, fini de rire ! Force nous est de plonger les doigts dans la frangipane grasse pour localiser l'objet et le disposer de manière que l'enfant rafle à coup sûr le jackpot et coiffe la si précieuse couronne !

Et ce n'est là qu'un exemple entre mille, disions-nous. Mais tout de même, c'est vache de penser que jamais plus nous ne coifferons la dorée précieuse couronne en carton...

L'ENFANT PROPRE : UNE UTOPIE ?

Bien qu'il soit de taille restreinte et qu'il offre peu de prise aux intempéries (fumées d'usine, simoun, projections grasses), l'enfant est excessivement sale. Pire qu'un adulte ! Ou, en tout cas, plus visiblement sale. C'est qu'il ne possède pas cet art du camouflage de la crasse que le Français d'âge mûr maîtrise si parfaitement, et qui démontre encore l'écrasante supériorité de l'adulte sur l'enfant. Quand l'enfant est sale, ça se voit. Et c'est moche. Parce que l'enfant a une façon spécialement sale d'être sale.

Au jour même de sa naissance, le bébé s'était présenté dans un état pas possible, et il avait fallu le laver immédiatement pour lui donner un semblant d'apparence humaine. Par la suite, on avait pu croire qu'il allait changer de style, parce qu'il aimait patauger dans son bain en envoyant des tonnes d'eau par terre. Ce n'était qu'une illusion. En grandissant, l'enfant révèle sa vraie nature, et ce n'est pas celle d'un ami du savon. Ni du shampooing. Oh là, non ! Quant à l'eau, bien vite elle ne lui sert qu'à remplir son pistolet en plastique pour asperger les copains ! Peut-on concevoir activité plus ridicule ?

Rien ne rebute l'enfant. Rien ne le dégoûte. Songez qu'il fait pipi dans sa culotte ! Dans son lit ! Jusqu'à des cinq, six ans ! Parfois au-delà ! Songez qu'il est capable de se rouler sur un trottoir répugnant, de jouer avec un rat crevé, de ramasser des limaces, d'attraper des crabes dans les rochers pleins d'algues gluantes, de bourrer ses poches de légumes pourris ! Oui, l'enfant fait tout ça ! Et sans frémir ! Si le vôtre en était incapable, madame, monsieur, si vous le surpreniez à faire la moue devant les rats crevés, les limaces ou les légumes pourris, alors n'hésitez pas, consultez un psychiatre ; il y a de sacrés bonnes chances pour que vous ayez hérité d'un schizophrène.

L'enfant n'est pas propre, bon. Mais le vrai drame, le surcroît d'horreur, c'est que, par une sorte de fatalité du sordide, il attire positivement la saleté ! Comme l'aimant attire les mouches, ou la limaille de fer, ou l'éclair, ou ce que vous voudrez ! S'il y a une chute de suie quelque part, ou une déjection canine sur l'asphalte, ou une plaque de cambouis sur la plage, ce sera pour lui, pour l'enfant, à tous les coups, de plein fouet ! Un état de fait qui incitera les parents à une action suivie, énergique et déterminée. À vos gants de crin, amis de l'hygiène !

BAIN, DOUCHE, JET ?

Autrefois, avant qu'Edison n'inventât l'eau chaude, on se lavait à froid dans la cour de la ferme, avec une simple cuvette, été comme hiver, torse nu en plein vent, face au gel, et la mortalité infantile était monstrueusement élevée. Normal. Aujourd'hui, grâce au progrès des sciences, l'individu désireux de se récurer dispose de toute une gamme de produits adaptés (bain moussant, bidet, détersifs), et d'un éventail de moyens efficaces, la plupart d'emploi agréable. Qu'on ne vienne plus nous raconter que là où il y a de l'hygiène, il n'y a pas de plaisir !

Mais quel est le mode de toilette qui conviendra le mieux à l'enfant ? C'est en effet la question centrale de ce chapitre, merci de nous l'avoir posée. Eh bien, disons-le clairement, nous déconseillons le décapage au sable, le lessivage à sec et l'utilisation du nettoyeur Karcher à haute pression. Rappelons qu'il s'agit de laver l'enfant, pas de le dégoûter pour toujours de la propreté.

Nous condamnons également la douche. Farouchement. On n'imagine pas tout ce qu'un enfant est capable d'arroser avec un pommeau de douche modèle standard. Aucun rideau de plastique, aucun vitrage de protection, aucune porte étanche ne l'empêchera d'atteindre le papier peint, d'inonder le plafond, de ruiner la moquette et les meubles. La seule parade serait qu'un parent reste à proximité immédiate et veille en permanence à l'orientation du jet de douche. Or, soyons honnêtes, amis lecteurs : si la toilette de l'enfant doit lui permettre de se décrasser, elle doit aussi être pour vous l'occasion d'un moment de repos bien mérité. Et là, une seule recette : le bain. Pendant que l'enfant marine, vous pouvez tranquillement lire votre journal, boire une bière ou encore préparer, madame, un de ces dîners croquignolets dont vous avez le secret.

Seulement, on l'a dit, l'enfant n'est pas spontanément attiré par l'eau. Pour qu'il accepte de prendre son bain sans faire d'histoires, ni trépigner, ni taper dans les murs, il faudra en passer par ses conditions. Et elles seront immanquablement sévères.

Matériel obligatoire pour un bain
(estimation moyenne)

— **Une baignoire à demi pleine d'eau à 33° Celsius.** Ou 176° Farenheit. Ou 6387° Barshawahk, pour nos amis des hauts-plateaux du Hodjhazj. Au-dessous de cette température idéale, l'enfant braillera qu'il a froid ; au-dessus, il beuglera qu'on veut l'ébouillanter. À quoi bon le faire crier inutilement ?

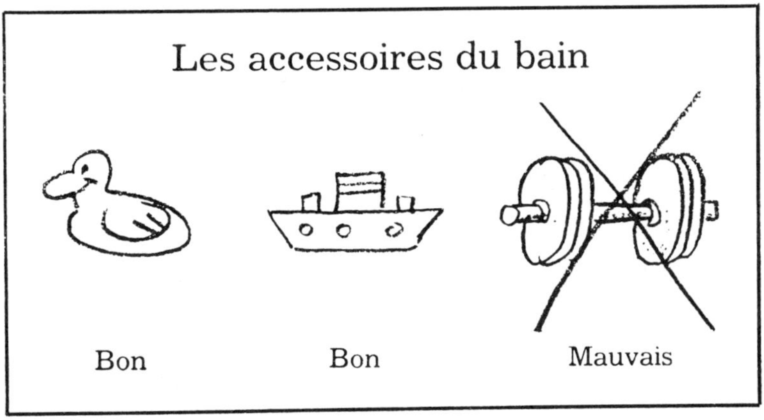

— **Un savon en forme de canard senteur citron.**

— **Un savon en forme de nain Simplet senteur vanille.**

— **Un savon en forme de dauphin senteur banane.**

— **Un gant bien propre** (n'oubliez pas que l'enfant le portera à sa bouche pour aspirer l'eau savonneuse).

— **Une éponge synthétique.**

— **Une éponge de mer,** au cas où l'éponge synthétique ne serait pas assez douce.

— **Une brosse à poil souple.**

— **Un fox à poil dur** (facultatif).

— **Un petit livre flottant, pages imperméabilisées.** *Moby Dick*, ou *Robinson Crusoé*, ou *Un barrage contre le Pacifique*, enfin quelque chose ayant si possible un rapport avec la flotte.

— **Une trentaine de figurines en plastique** (Indiens, veaux, vaches, cochons, etc.).

— **Un masque de plongée,** avec palmes et tuba, et éventuellement fusil de chasse sous-marine. Si l'enfant insiste vraiment.

— **500 grammes de pièces de Lego.**

— **Un bateau en plastique.**

— **Un autre bateau en plastique,** plus grand que le premier.

— **Une maquette d'avion** pour les garçons.

— **Six poupées Barbie** pour les filles.

— **Une petite brosse** pour les Barbie.

— **Des cubes.**
— **Des petites voitures.**
— **Un pistolet à eau.**
— **Trois poissons rouges.**
— **Un ours en peluche.**
— **Deux ballons.**
— **Une bouée.**
— **Un verre de Coca.**
— **Un sandwich poulet-ships, avec du ketchup.**

Certains lecteurs, d'esprit caustique, diront qu'il serait plus rapide d'apporter tous les jouets de l'enfant dans la salle de bains. Nous leur recommandons plutôt d'installer carrément la baignoire dans sa chambre. Et un dernier truc à savoir, amis parents : l'enfant se fait toujours tirer l'oreille pour prendre son bain, mais il refuse aussi systématiquement d'en sortir. Par chance, il est très facile de le contrer : videz la baignoire, le froid le chassera. Et si ça ne suffit pas, versez-lui les glaçons du freezer sur la poire ! Non mais sans blagues !

LA PROPHÉTIE DE FRANÇOISE DOLTO

Il y a des enfants qui sont affolés quand la baignoire, en se vidant, se met à faire un bruit de siphon, comme s'ils craignaient d'être entraînés dans la vidange.

LE RAS-LE-BOL DES AUTEURS
Arrête de déconner, Simone. C'est un bouquin sérieux, quoi, merde !

LES POINTS SENSIBLES

Ils sont au nombre de trois, qu'on pourrait désigner ainsi : les dents, les cheveux, les ongles. Le vieux trio infernal, en somme. La triplette d'angoisse. Les trois piliers du malaise sanitaire.

1. Les dents

De nombreux parents se disent : « À quoi bon laver les dents de mon enfant, puisque de toute façon il se les cassera dès qu'il ira à l'école ? » Mauvais raisonnement. Les dents repoussent. Au moins une fois. Et puis même si elles ne repoussaient pas, il faudrait quand même se les brosser ! Parfaitement ! Savez-vous, lecteurs à la tête vide, que les statistiques nous font honte ? Nous autres, Français, nous n'avons qu'une brosse à dents pour douze ! C'est répulsif ! Même les Moluquois en achètent plus que nous ! Même les Anglais ! Et peut-être même les Kalhmouzes du Tjirikistan ! Alors nous on vous le dit bien en face : faut acheter des brosses à dents. En masse ! Pour l'honneur national. Et quitte à les acheter, autant s'en servir, quoi !

• Combien de fois les enfants doivent-ils se laver les dents chaque jour ?

Question controversée. De nombreux stomatologues prétendent qu'il faut se les brosser après chaque repas, ce qui fait que si on prenait par exemple dix repas dans la journée, il faudrait se laver les dents dix fois. Excessif, non ? Mais d'autres spécialistes affirment qu'on devrait même se les brosser avant de se mettre à table ! Et pourquoi pas pendant le repas, les mecs ? Non mais ça va pas la tête ou quoi ? Nous recommandons, nous, une fréquence régulière, mais raisonnable. Disons une bonne fois par jour.

• **Quand l'enfant doit-il se laver les dents ?**
Quand vous voudrez, amis parents, le matin, le soir, à l'apéro, mais en tout cas à un moment où vous pourrez vérifier qu'il se les lave vraiment. Dès qu'il s'agit d'hygiène, le petit être n'est pas toujours très franc du collier.

• **Quel dentifrice choisir ?**
Un dentifrice goût chewing-gum. Ou goût fraise. Le goût hareng passera moins bien. Le dentifrice de fabrication artisanale (saveur pont-l'évêque) est à proscrire.

2. Les cheveux

L'enfant peut perdre ses dents, ses illusions, sa cagoule à l'école, mais il ne perd pas ses cheveux. Au contraire. Il en a de plus en plus, des cheveux ! Et il ne supporte pas qu'on les lui lave, sous prétexte que le shampooing lui brûle les yeux ! Évidemment, si l'enfant n'avait pas d'yeux, tout serait plus simple. Ou pas de cheveux. Ou simplement des yeux plus éloignés des cheveux. Mais la nature a fait n'importe quoi, comme d'habitude, et allez, débrouillez-vous pour réparer les pots cassés !

• **Quel shampooing utiliser ?**
Un shampooing doux. Le shampooing doux ne brûle pas les yeux. Il ne lave pas non plus les cheveux, d'accord, et après ? Personne n'est parfait.

• **Faut-il envoyer l'enfant chez le coiffeur ?**
Oui. Trop de mères se croient capables de couper elles-mêmes les cheveux de leur enfant ; trop d'enfants circulent dans les rues avec des têtes effroyables, Jeanne d'Arc avortées, Duguesclin monstrueux, Claude François de cauchemar. HALTE AU MASSACRE !

Mesdames, confiez votre fils ou votre fille à un professionnel ; le résultat ne sera pas brillant, mais vous éviterez au moins que l'enfant ne rejette directement sur vous sa haine d'être défiguré.

3. Les ongles

L'enfant déteste qu'on lui coupe les ongles, mais pensez-vous qu'il se les rongerait lui-même ? Bernique ! Et pourtant, il faut bien les lui couper, ses ongles ! Combien de pères ont le visage écorché, flétri, comme équarri, rien que pour avoir joué un peu virilement avec leur enfant ? Vecteurs de tétanos et de pandémies graves, les ongles d'enfant doivent rouler dans la sciure.

- **Qui doit les couper ?**

La mère. C'est un travail de femme, tout en gestes précis, en paroles rassurantes, en explosions exaspérées.

- **Comment les couper ?**

On procédera comme pour raboter un sabot de cheval, mais en y allant tout de même un peu moins fort. Si vous n'avez jamais raboté le sabot d'un cheval, madame, renoncez ; confiez la besogne à un toiletteur pour chiens, bien meilleur marché qu'une manucure, et plus habitué aux séances sportives.

On s'en aperçoit, tenir un enfant propre n'est pas une mince affaire. Mais il y a pire : il faut l'habiller.

Pathologie et risques liés à l'hygiène

Symptômes	Causes
Calvitie soudaine de l'enfant .	Vous avez confondu le shampooing doux avec le déboucheur à évier.
Desquamation, pelade	L'enfant est resté trop longtemps dans l'eau.

Noyade	L'enfant est resté trop longtemps sous l'eau.
Estafilade sur la joue de l'enfant.	Madame s'est énervée en lui coupant les cheveux.
Coliques, vomissements	L'enfant a mangé le savon.
Rhume, grippe, angine, tuberculose.	L'eau du bain était trop froide.
Beignets, soufflures, cloques	L'eau du bain était trop chaude.
Paralysie, blocages articulaires	L'eau du bain était trop calcaire.
Bosses, plaies, ecchymoses ..	Il n'y avait pas d'eau dans la baignoire.
Jambes cassées	Il n'y avait pas de baignoire.

L'ENFANT ET LE VÊTEMENT : UN COUPLE IMPOSSIBLE ?

Un enfant sortant du bain, peigné et mouché est une sorte d'idéal. Un ange tombé du ciel, dirions-nous. Chaque parent connaît un sentiment de plénitude devant ce spectacle charmant, mais tragiquement éphémère. Car l'enfant se salit plus vite qu'il ne se lave, c'est l'une de ces satanées fichues lois de la nature contre lesquelles nous ne pouvons rien. Et puis parce que l'enfant, tôt ou tard, doit être vêtu. Sinon, il s'enrhume.

Un enfant vêtu, osons le dire, n'est pas une sorte d'idéal. Le terme d'épouvantail à moineaux serait plus approprié. Les mots « ni fait, ni à faire » viennent à l'esprit. Quant au sentiment de plénitude, laissez-nous rire. Ha, ha ! Quel autre sentiment que celui d'un intense épuisement physique et moral pourrait-on ressentir devant le spectacle affligeant d'un enfant vêtu ?

Car le spectacle est affligeant. Ah ça oui, bougrement affligeant. C'est rien de le dire. Au point que, une fois encore, c'est de survie qu'il s'agit. Bien des parents l'ignorent, mais vêtir un enfant consume autant d'énergie que d'effectuer un steeple-chase. Pareil. Et pourtant, on n'a jamais décerné de médaille à un quelconque parent pour cet exploit quotidien. On n'en parle pas dans *L'Equipe,* ni à *Stade 2*. Jamais ! Ah, la vie est mal faite, tiens...

COMMENT VÊTIR SON ENFANT LE MATIN LORSQU'ON EST DÉJÀ EN RETARD

L'enfant, et c'est encore l'une de ces fichues lois de la nature contre lesquelles on ne peut rien, est toujours en retard le matin. Ne comptez pas sur lui pour expédier son petit déjeuner, laver son bol et s'habiller tout seul pour arriver à l'heure à l'école[1], ce serait illusoire. Le matin, l'enfant traîne. Un vrai zonard. Laissez-le cinq minutes tout seul dans sa chambre face à un tas de vêtements, vous le retrouverez affalé par terre avec tout au plus une chaussette enfilée à l'envers ou une chemise boutonnée mardi avec mercredi. Tout est à reprendre. Et il est déjà huit heures dix. Et vous allez être en retard au bureau.

L'enfant, face au vêtement, manifeste autant d'indifférence que le paquet face à son papier d'emballage. C'est à vous de prendre les choses en main, avec précision et efficacité. Pour cela, il faut respecter trois règles fondamentales :

1°. Ne pas entamer de controverse sur le choix des vêtements

Si on l'écoutait, l'enfant, être rieur par nature, s'habillerait comme un clown. Et ce ne seraient que sweat-shirt Tortues Ninja, robe de princesse et foulard de cow-boy. Ou alors ce serait la même chemise pendant toute la semaine. Pendant des mois. L'enfant, être sentimental par nature, s'attache à certains vêtements

1. Ce mot sera expliqué au chapitre suivant.

au point que ce sont les vêtements qui, à la longue, finissent par être attachés à lui, ce qui nous renvoie au chapitre précédent.

Ne cédez pas sur ce point. C'est pour son bien. Un enfant qui, sa vie durant, porterait le T-shirt Batman acheté à l'âge de cinq ans finirait par connaître des problèmes respiratoires. En plus, il aurait l'air fin, tiens, en conseil d'administration, avec son T-shirt tout étriqué ! Vous croyez qu'on lui confierait le budget de la SNOCMA ? Allons donc ! Vous voyez que c'est pour son bien...

Si l'enfant résiste, n'hésitez pas à vous servir de l'écoute dynamique :
— Tu me dis que tu veux *encore* mettre ton T-shirt Batman. Je te dis qu'il est tellement sale qu'il tient debout tout seul.
— C'est pas juste ! J' veux mon T-shirt ! (Raisonnement déplorable, argumentation faiblarde, syntaxe médiocre.)
— Tu me dis que ce n'est pas juste. Je te dis que c'est comme ça et qu'on est déjà en retard.
— Nan ! Nan !

Si l'enfant résiste vraiment, utilisez le mensonge (magie de l'enfance) :
— Il est dans la machine à laver, ton T-shirt.

2°. Ne pas espérer la collaboration de l'enfant

Réfléchissez un peu, voyons. Attendriez-vous quelque effort d'un paquet que vous voudriez emballer ? L'enfant, c'est pareil, en plus lourd et en plus mou. Surtout si l'épisode du T-shirt l'a mis dans de mauvaises dispositions. Fervent adepte de la « résistance passive » chère à Gandhi, l'enfant utilise la méthode dite du « sac de pommes de terre » consistant à se vautrer dans vos bras comme une poupée de chiffons, à ne pas se tenir debout, à gigoter intempestivement pour tenter de s'emparer d'un jouet, d'un nounours, de n'importe quoi pourvu que ce soit encombrant et hors de portée. C'est épuisant.

Le seul moyen, ami parent, de ne pas perdre son calme en habillant l'enfant, est de refiler le paquet à votre femme. Soyons un peu objectif : n'a-t-elle pas joué à la poupée pendant toute son enfance, passant des heures merveilleuses à enfiler des petites chaussettes, des petites chemises et des petites robes à ses Barbie, tandis que vous-même, monsieur, défendiez le fort à coups de carabine contre l'attaque des Comanches ? Franchement, lequel de vous deux est le mieux préparé à cette tâche, hein ? Franchement ?

Allez, soyez beau joueur, monsieur. Laissez faire celles qui savent. Et si madame rechigne — car les femmes sont parfois taquines — rappelez-lui notre règle d'or n° 3. Puis profitez-en pour vous exclamer : « Mince ! Je vais être en retard pour la réunion ! » et filez lâchement. Tout sera oublié ce soir.

3°. Éviter les vêtements compliqués

C'est déjà assez difficile d'habiller un enfant — demandez à votre femme — pour ne pas en rajouter. Évitez donc tout ce qui pourrait vous compliquer la vie.

Comment enfiler une cagoule

Bon Mauvais

(Penser à placer le trou devant)

Ne choisissez pas	*Choisissez*
Des gants	Des moufles
Des chaussures à lacets	Des baskets à scratch
Des gilets à boutons	Des pulls à col roulé
Des chaussettes	Du foin dans les sabots

4°. Choisir des vêtements solides

Constamment vautré par terre sous les prétextes les plus futiles (billes, chute), l'enfant déchire ses pantalons aux genoux.

UN BON CONSEIL

Mettez donc des robes aux petites filles et des culottes courtes aux garçons, ainsi ce seront leurs genoux qui prendront les chocs et les vêtements resteront impec !

L'enfant passe son temps à patauger dans les flaques, à taper dans des ballons, dans des cailloux, dans d'autres enfants, et tout cela use les chaussures. Mettez-lui des bottes. Faciles à enfiler, étanches, elles sont très appréciées des enfants, qui aiment leurs couleurs vives. Plus les bottes sont hautes, mieux c'est. Des bottes d'égoutier sont l'idéal. Créez la mode.

L'enfant met ses coudes sur la table et use ses pulls. Mettez des coudières en cuir. S'il tient absolument à ses pantalons longs, mettez des genouillères. Et puis, tiens, tant que vous y êtes, mettez des ventrières, des molletières, des fessières, des dossières et des épaulières. On n'est jamais trop prudent. Créez la mode.

L'IDÉE SAUGRENUE DU Dr SPOCK

Les parents ne doivent pas faire de différence dans les vêtements de leurs fils et de leurs

filles, mais plutôt les laisser décider de ce qu'ils veulent porter.

***LA RÉACTION PRIMAIRE MAIS COMPRÉHENSIBLE DE L'ÉQUIPAGE DE L'*ENTREPRISE**

C'est comme ça qu'on fabrique des tantouzes, monsieur Spock !

CAPITAINE KIRK À MONSIEUR SPOCK
Cessez de provoquer l'équipage, ou je vous tire les oreilles.

POURQUOI L'ENFANT N'A-T-IL AUCUN SENS DU BEAU ?

Juxtaposition de couleurs criardes, goût pour ce qui brille, association de rayures et de pois, aucune abomination vestimentaire ne peut faire reculer un enfant qui s'habillerait seul. Heureusement, comme nous venons de le voir, l'enfant ne s'habille jamais seul. Ce serait joli, tiens. Néanmoins, il est une occasion où l'enfant donne son avis sur les vêtements qu'il porte : quand on les achète. Il s'agit là d'un moment où les parents, déjà rudement éprouvés par le trajet dans la rue entre leur domicile et le magasin, sont à bout de résistance, usés moralement, prêts à tout pour en finir. Et l'enfant le sait. Et c'est ainsi que certains parents fragiles cèdent et acquièrent à prix d'or des vêtements périssables, grotesques et fluorescents, au lieu du bon vieux caban qu'ils avaient prévu d'acheter.

L'enfant, dans un magasin, dispose d'une gamme presque infinie de techniques pour vous faire craquer. Il faut le savoir. Relevons, entre autres :

— Le chantage affectif (« Ma petite maman chérie, je peux avoir un serre-tête rose fluo ? »).
— Le chantage social (« Toutes les filles de ma classe en ont, de quoi je vais avoir l'air, avec mes vieilles barrettes ? »).
— Le chantage financier (« Regarde, il ne coûte que 32,50 F ! »).
— Le martèlement psychologique (« Dis, tu me l'offres ? Hein, dis, maman ? Hein, tu me l'offres ? Hein, dis ? »).
— La colère publique, devant témoins (« C'est pas juste ! Pour une fois que je demande quelque chose ! Je n'ai jamais droit à rien, dans cette maison ! »).

Autant d'armes redoutables, aptes à faire céder les volontés les plus trempées. Mais il y en a encore bien d'autres, dont la plus terrible, la plus imparable, est le mensonge (magie de l'enfance).

Vous avez décidé d'acheter des souliers classiques à votre garçon, pour quand il va chez sa grand-mère. Vous êtes parvenu à le traîner jusqu'au magasin et à le faire asseoir devant la vendeuse, qui lui a déjà fait essayer trois paires de chaussures. Chaque fois que la pauvre femme lui demande de se lever et de faire quelques pas, il grimace de douleur, boite et gémit qu'elles lui font mal aux pieds. Un doute vous saisit : ment-il ? Ne doutez plus : il ment. NE FAITES JAMAIS CONFIANCE À UN ENFANT DANS UN MAGASIN DE CHAUSSURES !

Ne lui demandez pas son avis, achetez ce que vous voulez et rentrez chez vous. D'accord, il ne les mettra jamais, ces fichues chaussures (car l'enfant est entêté), mais votre volonté d'airain aura au moins fait l'admiration de la vendeuse. Et peut-être, monsieur, pouvez-vous l'inviter à dîner en juillet, quand madame sera en vacances à la Baule avec les mômes et la belle-doche ! Bonne bourre, vieux farceur !

Faire des courses d'habillement est, certes, une

épreuve particulièrement épuisante, mais ne perdez pas de vue que l'habit fait le môme.

- Un enfant issu de parents stricts est aisément identifiable à son col de chemise boutonné jusqu'en haut.
- Un enfant issu de parents permissifs est vêtu d'un jogging fluo et de baskets.
- Un enfant issu de parents fusionnels est vêtu comme ces derniers, et c'est toujours grotesque : petit Perfecto comme papa, petit tailleur comme maman.
- Un enfant d'énervés porte les vieux vêtements de son grand frère.

COMMENT DÉVÊTIR L'ENFANT LE SOIR, LORSQU'IL REVIENT DE L'ÉCOLE ?

Un enfant qui revient de l'école offre invariablement un spectacle désolant : pantalon déchiré, pull troué, chaussures râpées... Le plus simple n'est-il pas d'achever le travail de destruction et d'arracher ce qui lui reste sur le dos ?

Le spectacle d'un enfant rentrant de classe est à ce point dantesque qu'on est en droit de se poser la question : que s'y passe-t-il donc, bon sang ?

Pathologie et risques liés à l'habillement

Symptômes	Causes
Étouffement	Cagoule mise à l'envers.
Rhume, coryza, pneumonie	Vous ne lui aviez pas mis de cagoule !
Allergies	Bermuda en poil de chameau.
Troubles gastriques	Ceinture trop serrée.
Œil crevé	Une bretelle a lâché.
Cancer de la peau	Chemisette en nylon (préférez le coton).

Les Cahiers de l'IREP

Institut de Recherches sur l'Endurance Parentale

27, rue du Colonel Boudarel - Niort

CROIRE-OSER-PERSEVERER

Insititut fondé en 1897

Gaston Soupard Cedric Rondel

Expérience n° 635. Toulon-Vesoul, 16 juillet 1946.
Archivée 635/FD 58/folio 215.
Sujet : M. André Pouquet, 33 ans, conducteur de bus, père de deux enfants.
Objet : Le sujet a accepté de conduire 37 enfants de Toulon à Vesoul dans son car, sans accompagnateur.
Coût : Cent francs (anciens) de pourboire.

DÉROULEMENT DE L'EXPÉRIENCE

7 h 00 — Départ de Toulon. Les chercheurs de l'I.R.E.P. suivent le car à bord de la traction avant de l'Institut. L'un de nos hommes, déguisé en enfant, a embarqué dans le car.

7 h 10 — Le car arrive sur la nationale. Stimulés par notre homme, les enfants commencent à scander « Plus vite, chauffeur ».

7 h 12 — Les enfants situés à l'arrière du véhicule font des grimaces aux automobilistes qui les suivent. Un automobiliste double le car et fait une queue-de-poisson. Le sujet jure et demande le silence.

7 h 24 — Soudoyés par notre homme, les enfants exigent un arrêt-pipi.

7 h 29 — Le sujet craque et accepte de s'arrêter. Les enfants descendent.

7 h 45 — Le sujet est parvenu à les faire remonter à bord. Il en manque un.

7 h 56 — Retour de l'enfant manquant, qui s'était perdu dans le bosquet. Le sujet le jette dans le car et démarre en trombe.

7 h 57 — Des coups sourds se font entendre sur le toit. Le sujet arrête son véhicule et sort. Profitant de la confusion, deux enfants étaient montés sur la galerie. Ils pleurent. Les chercheurs de l'I.R.E.P. se munissent de boules Quiès. Le sujet pousse des hurlements si effrayants que notre homme à bord (pourtant un dur de la première heure, qui était avec nous à Stalingrad) en est ébranlé.

8 h 20 — Bagarre d'enfants dans le fond du car. Le sujet tourne nerveusement la tête en direction de l'émeute et pousse des cris aigus. Le sujet jette son levier de vitesses dans le tas. Un enfant est touché et perd connaissance.

8 h 22 — L'affrontement a gagné tout l'habitacle. Notre homme tente de sortir du car par une vitre latérale. Nous nous rapprochons de lui pour tenter de le recueillir sur le toit de la traction.

8 h 23 — Atteint à la nuque par une Vache qui rit, le sujet quitte son volant en hurlant et se jette au cœur de la mêlée.

8 h 24 — Le car, privé de chauffeur, quitte la route et, par chance, termine sa course dans une meule de foin. Plus de peur que de mal, sauf pour notre camarade qui, victime d'un écart intempestif de l'autobus, a été broyé à mort entre les véhicules. Il est mort en criant : « Vive l'I.R.E.P. ! » Nous indemniserons sa veuve (voir budget).

ANALYSE

Il est indispensable d'avoir au moins un accompagnateur à bord d'un car rempli d'enfants.

UNE LUEUR DANS LA TOUNDRA : L'ÉCOLE

On ne sait pas trop qui a inventé l'école, si c'est Charlemagne, Jules Ferry, Jules Grévy, mais en tout cas le type mérite un sacré coup de chapeau. L'école, franchement, on n'a pas trouvé mieux. C'est fantastique. Très finement joué. Parce que, sous prétexte d'instruire les gosses, amis, à quoi sert-elle réellement, l'école ? À SIMPLIFIER LA VIE DES PARENTS. À les débarrasser de la présence de leurs moutards cinq jours sur sept, de 8 heures du matin à 5 ou 6 heures du soir ! Qui dit mieux ? Et attention, là où c'est très fort, c'est qu'il n'y a pas moyen d'y couper : L'ÉCOLE EST OBLIGATOIRE ! Forcés d'y aller, les jeunes ! Et pendant ce temps, les parents peuvent faire tout ce qu'ils veulent. Travailler, par exemple ! L'ÉCOLE EST LA PROVIDENCE DES PARENTS !

Certes, il y a des imperfections. Des moments d'angoisse. Certes, certains matins, des messages alarmistes hâtivement placardés nous accueillent dès l'entrée : « Attention, trois cas de rougeole chez les CE2 », ou : « Épidémie de gale dans la classe de Mme Langepot. » Bah, pourquoi s'en faire ? Serrons la main poisseuse de l'enfant dans la nôtre et marchons, entrons dans l'école, découvrons le fidèle vieux préau orné de joyeux dessins colorés et les salles de classe encombrées de billes confisquées, de cagoules perdues et de fragments de bananes mâchouillés. Là-bas, derrière cette vitre brisée, c'est la cour de récréation et son sol de ciment rugueux. Ah, le temps peut bien passer, hématome et mercurochrome resteront toujours les deux mamelles de l'enfance !

Un point encore à préciser : bien qu'obligatoire, l'école n'est pas une prison. Du point de vue de l'enfant, c'est au contraire le lieu de défoulement par excellence. À l'école, c'est extraordinaire, tout est permis : renverser de la peinture, crier, se battre, déchirer ses vêtements, avoir une maîtresse ! Ah, décidément, parents, enfants, nous ne remercierons jamais assez Jules Ferry. Ou Jules Grévy. Ou Jules César.

Et sans plus attendre, passons aux questions pratiques.

• Quand faut-il inscrire son enfant à l'école ?

Aussi tôt que possible, dans le respect des délais prévus par la loi. D'innombrables parents seraient prêts à envoyer le petit à l'école dès le surlendemain de sa naissance, mais, hélas, c'est impossible. L'école n'accepte pas les enfants avant l'âge de trois ans. Désolés !

• Quelle école choisir ?

Chacun sera tenté de se déterminer en fonction de ses grandes options philosophiques ou politiques, voire de ses préférences en matière d'éducation. Ainsi, les parents de droite pencheront pour l'école religieuse privée et les parents de gauche pour l'école laïque et républicaine. Quant aux amateurs de choucroute, ils choisiront l'école alsacienne. Les « stricts » expédieront leurs enfants à l'école militaire (changement La Motte-Picquet - Grenelle), les précepteurs à domicile auront les faveurs des « fusionnels » ; les « permissifs » s'en remettront à l'école de la rue, tandis que les « énervés », comme d'habitude, feront n'importe quoi.

En ce qui nous concerne, amis lecteurs, nous ne saurions trop vous conseiller, dans un souci pratique, de choisir l'école la plus proche de votre domicile. Évidemment, si c'est une école coranique d'obédience chiite et que vous êtes fervent catholique, ou enragé luthérien ou athée hystérique, il y aura certainement lieu de trouver un autre établissement, même plus éloigné. Pourquoi pas l'école freudienne ? Ou l'école d'artillerie ?

UN BON CONSEIL

Parents qui choisirez d'inscrire votre enfant à l'école du cirque : ne vous faites pas piétiner par un éléphant à la sortie !

• Quand on accompagne un enfant à l'école pour la première fois, peut-on éviter qu'il pleure, qu'il se débatte, qu'il crie et appelle au secours ?

Certains enfants, en effet, sont pris de panique en découvrant l'école. Ils sont terrifiés de se retrouver brusquement parqués avec plusieurs dizaines de leurs congénères, et comment ne pas les comprendre ? Pour passer ce cap délicat de la prise de contact, de ce coup d'envoi scolaire, l'attitude des parents sera bien entendu déterminante. Si le petit pleure, n'en faites pas autant, madame ! Quant à vous, monsieur, ne trépignez pas sur place comme un niais, en roulant des yeux affolés, ne vous énervez pas, ne vous fâchez pas, ne devenez pas rouge et agité, même si tous les regards sont braqués sur vous ; de telles attitudes bouleverseraient l'enfant au lieu de le rassurer.

UNE RECOMMANDATION DU Dr SPOCK

Je pense que la meilleure attitude des parents à ce moment-là, c'est de faire comme s'il était

indiscutable pour tous les enfants d'aller à l'école, et de prendre l'enfant par la main (ou dans ses bras) pour l'y conduire prestement. Toutefois, je ne recourrais pas à la force.

LA RÉACTION DES AUTEURS
Et c'est peut-être là que t'as tort, Spock !

Soyez fermes et détendus, amis parents, riez fort, faites des gestes enthousiastes, essayez de montrer à votre enfant que l'école est un lieu plaisant, merveilleux, où il va se payer de sacrées bonnes tranches de rigolade avec toute une bande de chouettes potes !

Si l'enfant s'obstine à piquer sa crise, amis lecteurs, tentez donc un coup d'écoute dynamique. Après tout, ça ne peut pas faire de mal

---

UNE AUTRE RECOMMANDATION DU Dr SPOCK

Si la mère a emmené l'enfant à l'école et que celui-ci a refusé de la laisser repartir, il est raisonnable que ce soit le père qui escorte l'enfant le lendemain.

LE CONSEIL DES AUTEURS
Il en profitera pour ramener la mère à la maison.

• **Faut-il parler à la maîtresse ?**
Le moins possible. Cette femme, reconnaissons-le, mérite toute notre estime. Et elle doit avoir droit aussi à notre compassion. Songez qu'on lui confie jusqu'à trente ou quarante gosses chaque jour, et qu'elle est forcée de rester avec eux pendant des heures ! C'est

horrible ! LA MAÎTRESSE EST UN PUNCHING-BALL SOCIAL !

Alors de grâce, n'en rajoutez pas. Fichez-lui la paix ! Ne soyez pas comme ces mères qui s'incrustent dans les classes, qui s'assoient sur les pupitres et qui posent des millions de questions stupides en couvant leur petite Élodie ou leur petit Antoine du regard : « Est-ce qu'il suit bien ? », « Est-ce qu'elle ne reste pas dans son coin ? », et est-ce que ci, et est-ce que ça, et est-ce que gna-gna-gna ? PARENTS, NE ZONEZ PAS DANS LES CLASSES !

Circulez, dégagez la piste ! Dites-vous bien que pour la maîtresse, votre enfant n'est qu'un nom, un visage flou, une vague silhouette gesticulant parmi les autres. Et dites-vous aussi que la maîtresse est un être fragile, sujet aux coups de déprime, aux grippes, aux grossesses. Il faut la ménager ! UNE MAÎTRESSE MALMENÉE EST UNE MAÎTRESSE ABSENTE. UNE MAÎTRESSE ABSENTE, C'EST UN ENFANT À LA MAISON !

Dites, c'est ça que vous voulez ?

• Faut-il faire des cadeaux à la maîtresse ?
Bien sûr, avant chaque période de vacances. Des fleurs, du chocolat, du Valium.

• Faut-il inviter la maîtresse à dîner ?
Ce serait aller trop loin dans l'intimité. Pour la même raison, il est déconseillé que la maîtresse de l'enfant devienne celle de son père, surtout si c'est un homme. Car, parfois, les maîtresses sont des maîtres. Si, si, seulement on n'avait pas encore eu le temps de vous le dire.

• Faut-il intervenir si l'enfant est continuellement puni ?
Non. Votre petit ange a beau être absolument délicieux, la maîtresse a sans doute de bonnes raisons d'agir avec lui comme elle le fait. Ce n'est pas de la

persécution. Voyons, réfléchissez : la maîtresse ne peut pas être une déséquilibrée à bout de nerfs, ni une psychopathe qui déteste les enfants, puisqu'elle fait partie des personnels de l'Éducation nationale ! Logique, non ? Bon, d'accord, admettons qu'elle soit quand même une psychopathe à bout de nerfs. Raison de plus pour ne pas la provoquer ! Forcez sur les cadeaux, ça devrait se tasser.

• **Faut-il aider l'enfant à faire ses devoirs ou bien les faire à sa place ?**

Au début, dans les petites classes, vous pourrez les faire à sa place. Une bonne occasion de briller aux yeux du gamin, car on lui demande des trucs ridicules, des additions simplettes, des phrases à compléter

super fastoches, des dessins à colorier, enfin, des trucs nuls. Plus tard, au moment des problèmes de robinet ou de trains qui se croisent après être partis de A, B et C à des heures impossibles, laissez tomber. Vous risqueriez de perdre la face. Et puis il serait tout de même temps qu'il apprenne à se débrouiller seul, ce flemmard de môme !

• **Que faire en cas de vol, mensonge, tricherie ?** Vous êtes convoqué par le directeur de l'école parce que votre fils (ou votre fille) a tenté d'imiter votre signature sur son carnet de notes ; parce qu'on l'a surpris en train de copier sur son voisin pendant la composition de maths, ou en train de voler dans les poches de ses camarades au vestiaire. Tout cela est regrettable, mais si vous avez encouragé l'enfant à voler, par exemple, avouez que ce qui arrive n'a rien d'étonnant ! Dans le cas contraire, si vous êtes un honnête homme, et nous savons que c'est le cas d'un certain nombre de nos lecteurs, alors essayez, monsieur, de vous faire une raison. Prenez les choses du bon côté. Dites-vous que voler, tricher et mentir sont les fondements de la vie politique française, et que votre rejeton l'a compris très tôt, et par lui-même ! Allons, inutile de dramatiser, il réussira dans la vie !

• Comment réagir si l'enfant fait l'école buissonnière ?
Avec le plus grand calme. Du strict point de vue parental, que l'enfant soit à l'école ou ailleurs, c'est du pareil au même : vous ne l'avez pas dans les pattes. Une réflexion qui devrait vous inciter à la clémence.

• Que fait réellement l'enfant à l'école ?
Tout le monde se le demande et personne n'en sait rien. Il est vrai que l'enfant ne s'étend pas sur le sujet, et que ses explications sont particulièrement embrouillées. De trop rares indices nous permettent toutefois de nous représenter quelques-unes de ses activités. Il est probable, par exemple, à en juger d'après les taches sur ses vêtements, que l'enfant mange[1], ou tout au moins qu'il se trouve à un moment de la journée en contact avec des aliments (choux de Bruxelles, longe de porc, riz au gras et autres délices classiques de la restauration scolaire ou carcérale). Les traces de coups que les garçons ont sur le visage démontrent par ailleurs qu'ils jouent avec des copains. Enfin, certaines réflexions, certaines attitudes, une certaine lueur dans le regard, laissent parfois penser que les enfants pourraient bien apprendre des choses en classe. Lire, compter, écrire, des trucs comme ça.

• Ces choses qu'on leur apprend sont-elles utiles ?
Oui. Savoir compter est essentiel si l'enfant ne veut pas se faire trop arnaquer quand il partira plus tard en vacances sur la Côte d'Azur. Et s'il est capable d'écrire, il pourra remplir sa déclaration d'impôts ! Et s'il sait lire, quelle merveille, il se jettera sur ce livre, et peut-être sur quelques autres ! Évidemment, en contrepartie, vous ne pourrez plus lui raconter n'importe quoi. Plus question, par exemple, de lui dire que le guignol est fermé s'il peut lire le contraire. Ou de lui faire gober qu'il n'y a pas de barbe à papa dans le parc s'il déchiffre un écriteau annonçant « Barbe à papa très

1. Surtout s'il est inscrit à la cantine.

bonne et pas chère à 150 mètres ». Ah, c'est certain, l'apprentissage de la lecture tue un peu la magie de l'enfance.

• Faut-il défendre l'enfant quand il se bagarre avec ses copains ?
Surtout pas. Tous les écoliers du monde se vantent d'avoir un père policier pour impressionner l'adversaire, mais imaginez que pour une fois ce soit vrai. Ah, vous ne seriez pas dans la merde, tiens, après avoir giflé le fils du commissaire !

• En cas d'échec scolaire, faut-il désespérer ?
En aucun cas. Le monde a toujours été bourré de gens célèbres et remarquables qui avaient pourtant été de vrais cancres à l'école : Einstein, bien sûr, mais aussi Landru, Jacques Mesrine, Bokassa, Pépé le Moko, Ravaillac, Roger Hanin, Frankenstein, et tellement d'autres qu'on n'en finirait pas de les citer. Alors, pas de panique, vieux crabe !

Pathologie et risques liés à l'école

Symptômes	Causes
Intoxication, salmonellose . . .	On a servi des œufs à la cantine.
Motricité lente	Chaussures mal mises ou inversées.
Points de suture au crâne . . .	Chat perché à la récré.
Agitation de la tête	Poux.
Doigts cassés	La maîtresse a tapé trop fort avec la règle en fer.
Dyslexie, dysorthographie . .	La maîtresse utilise la méthode globale.

LA RUE, L'ENFANT, L'ANGOISSE

Avec ses bolides par milliers, ses psychopathes aux aguets, ses poubelles bourrées d'immondices et ses foules en délire, la rue est *a priori* un milieu hostile à l'enfant. Mais le petit être, comme tout un chacun, n'en a pas moins le droit de s'aérer, de découvrir le monde, de respirer à pleins poumons les gaz d'échappement. D'autant qu'il est pratiquement impossible de le laisser seul à la maison après l'école. Ni même avant, ni à tout autre moment. L'enfant, en effet, n'est pas le genre d'homme à rester tranquillement chez lui pour siroter son gin-fizz. Au contraire. L'idée de demeurer seul ne serait-ce qu'un quart d'heure le plonge dans des états d'intense anxiété. Il geint, trépigne et s'étouffe. Alors il faut l'emmener. Et ce n'est pas de la tarte.

Certes, on peut bien philosopher, se dire que la rue, école du crime, est aussi celle de la vie, et que c'est au spectacle de ses scènes pittoresques (agressions, vols à la tire, barricades en feu) que l'enfant va forger sa personnalité et s'éveiller aux réalités qui l'entourent. Certes. Mais tout de même, ne perdez jamais de vue, amis, cette vérité fondamentale : VOUS ÊTES LÉGALEMENT RESPONSABLE DE VOTRE ENFANT !

Alors s'il blesse un passant, s'il dézingue une vitrine, s'il attaque une banque, ce sera pour vos pieds ! Eh oui, c'est horriblement injuste, mais c'est comme ça. Et ne vous faites aucune illusion : L'INCIDENT A TOUTES LES CHANCES DE SE PRODUIRE !

Car la rue, la rue de votre quartier, paysage connu, sans surprise, exploré cent mille fois, devient immédiatement avec l'enfant une jungle hérissée de sagaies, un champ de mines, un marigot crocodilesque ! LA MOINDRE SORTIE PREND DES ALLURES D'EXPÉDITION MAUDITE !

Avec un enfant, dans la rue, le risque est imminent, la peur rôde, mille dangers vous guettent embusqués comme des varans venimeux sous les roches plates du désert de la mort ! LE SUSPENSE EST À SON COMBLE !

Ce sont ces mille dangers que nous entendons signaler ici à votre attention, amis parents, car un homme averti en vaut deux, et une femme à peine moins. Une fois de plus, nos forts conseils, dictés par l'expérience et le bon sens, vous permettront de déjouer la fatalité. Du moins, nous voulons l'espérer. Sincèrement. Du fond du cœur. Et à présent, ensemble, pas à pas, lançons-nous sur l'itinéraire de l'angoisse.

1. AVANÇONS SUR LE TROTTOIR

Première constatation : l'enfant n'a nullement la démarche rectiligne du type qui tend vers un but précis. En aucune façon. Dès le départ, il fonce n'importe où. Il s'agite. Il regarde partout avec un air ahuri.

IL MULTIPLIE LES COMPORTEMENTS EXCENTRIQUES !

Sans se soucier des passants qui l'observent en ricanant, il effectue des pas de danse ridicules. Dès qu'il repère une grille, il court passer un bout de branchage contre les barreaux, une fois, deux fois, dix fois ! Si c'est une bordure d'immeuble, les trois marches d'un perron, un amoncellement de gravas, il tente follement l'escalade ! Il court se cacher sous tous les porches pour vous faire une « surprise » ! Évidemment, c'est grotesque. Et tout cela ne favorise en rien une progression régulière et rapide. Madame, monsieur, vous perdez du temps ! Vous avez vos chipolatas surgelées, votre programme T.V. et vos pilules anti-stress à acheter, et vous ne voulez pas y passer la journée. Vous êtes pressés. Vous êtes énervés, déjà. Et là, attention, c'est mauvais ! TRÈS MAUVAIS !

UN NOUVEAU DÉLIRE DU Dr SPOCK

Aussitôt que l'enfant marche, on doit le laisser jouer dehors, un peu tous les jours, pour qu'il s'habitue aux cris et aux bousculades.

LA PROTESTATION OFFICIELLE DU PORTE-PAROLE DES C.R.S.
Et après, Spock, tu veux qu'y s'habitue au lancer de pavés, au casse de vitrines et à la baston ? C'est ça que tu veux, hein, dis ? Salaud !

L'ARBITRAGE DES AUTEURS
Du calme, mes amis, du calme.

LA PERTE TOTALE DE CONTRÔLE DU PORTE-PAROLE
Ta gueule, toi ! Papiers !

UN BON CONSEIL

Si vous tenez à faire avancer l'enfant plus vite, promettez-lui une friandise ou un petit jouet. Ça marche à tous les coups !

N'oubliez pas que le danger est partout. Conservez votre lucidité, gardez tous vos sens en alerte ! Le trajet ne fait que commencer et l'enfant aura bien d'autres occasions de vous exaspérer. Tenez, le voilà qui laisse traîner sa petite main sur les carrosseries des voitures en stationnement ! Ah, forcément, il a les doigts répugnants, maintenant ! Quel idiot ! Et le plus rageant, c'est que vous allez devoir lui tenir la main pour traverser la rue !

Notre conseil : Mettez des gants.

Comment tenir la main d'un enfant quand on traverse la rue

Bon

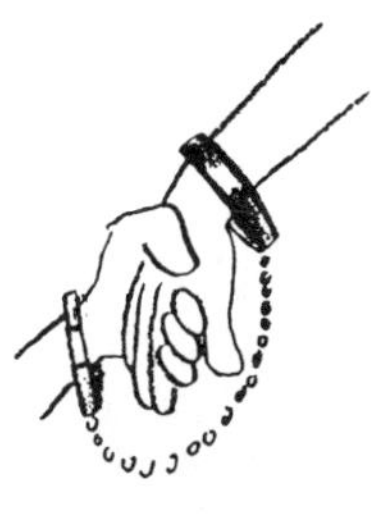

Excessif

2. TRAVERSONS LA RUE

Feux rouges, passages cloutés, priorité à droite, l'enfant se moque de tout cela comme de sa première tétine. Et ce ne sont pas vos explications répétées, et peut-être un peu embrouillées, ami lecteur, qui le feront changer d'avis. L'enfant, soit dit sans l'offenser, n'est pas l'homme des réflexions mûries ; il est capable à tout moment de s'élancer n'importe où, dans n'importe quelle direction, de toute la vitesse de ses courtes jambes musculeuses. D'où la stricte nécessité de le saisir fermement par la main dès qu'il s'approche du bord d'un trottoir. Même s'il a les doigts répugnants.

Pour traverser, montrez l'exemple. Attendez bien que le feu soit vert. Regardez à gauche, puis à droite, pour vous assurer qu'aucun véhicule n'arrive tel un boulet sanguinaire. Enfin, traversez dans les clous sans lâcher l'enfant. C'est ordinairement au milieu de la rue que sa bille préférée ou que sa mini-poupée chérie va tomber de sa poche et qu'il va se mettre à hurler. Car l'enfant ne s'embarque jamais pour une balade en ville sans avoir bourré ses poches d'un tas de choses qu'il va perdre en route. En attendant, il faut retrouver sa bille,

et c'est impossible, elle a roulé, disparu, allez savoir où ! Le feu passe au rouge, l'enfant crie, les klaxons se déchaînent, vous suez, des gens vous font des gestes odieux, allons, c'est perdu, il faut fuir, mais l'enfant s'accroche désespérément aux pavés ! Bon sang, promettez-lui une friandise ou un petit jouet, vite !

Notre conseil : Évitez de traverser les rues.

3. CONTOURNONS LES OBSTACLES

Obstacles humains

Les obstacles humains sont essentiellement constitués par les gens. Car n'espérez pas être seuls dans la rue, amis parents ! La rue n'est qu'un perpétuel grouille-

ment d'individus déambulant dans tous les sens, et le phénomène est particulièrement sensible dans les quartiers dits populeux, genre Hong Kong. À noter : plus la foule est dense et plus vous avez de chances de perdre votre enfant. En règle générale, l'enfant perdu vocifère et provoque un attroupement, et vous le retrouvez sans peine. Si ce n'est pas le cas, il faudra faire la tournée des commissariats, des hôpitaux, des crèches, ce sera tout un bazar.

Notre conseil : Si vous tenez à perdre votre enfant, conduisez-le dans un quartier populeux, genre Hong Kong, et vérifiez qu'il ne sème pas de petits cailloux derrière lui.

L'enfant ne prête ordinairement qu'une attention distraite aux gens dans la rue, se contentant de les heurter de plein fouet et de leur marcher sur les pieds, mais il en est toutefois certains vers lesquels il se précipite en courant :
— *Les infirmes, les mutilés, les nains :* L'enfant se plante sous leur nez et les dévisage intensément. Parfois même, il leur pose des questions gênantes.
— *Les mendiants, les clochards, les alcooliques :* L'enfant, c'est son côté homme de gauche, exigera systématiquement que vous leur donniez la pièce. Ruineux.
— *Les autres enfants :* Si ce sont des camarades de classe, il y aura des cris de joie, des sauts, des danses frénétiques. Si ce sont des enfants inconnus, l'hostilité sera immédiate et pourra dégénérer en bagarre après les rituels échanges de grimaces. Dans les deux cas, madame, monsieur, il y aura désordre sur la voie publique et l'on vous regardera de travers. Odieux.

Notre conseil : Si vous apercevez un mutilé, un alcoolique ou un enfant, changez de trottoir. En évitant tout de même de traverser la rue[1].

1. Nous n'avons jamais prétendu que sortir dans la rue avec un enfant était une chose facile.

Obstacles inhumains

— *Les chiens :* L'enfant peut pousser des hurlements de terreur à la vue d'un chien, ou bien se ruer sur l'animal avec des éclats de rire pour lui tirer la queue ou lui tordre les oreilles. Deux attitudes excessives, l'une et l'autre susceptibles de déclencher un début d'émeute. Il peut même se faire que le chien finisse par mordre l'enfant, mais comment lui donner tort ?

— *Les chats :* Aussitôt qu'un enfant se propulse dans leur champ visuel, les chats ont l'infinie sagesse de se jeter sous les voitures en stationnement. Empêchez l'enfant d'en faire autant. Dans nos ville modernes, les caniveaux ne sont pas toujours très propres.

— *Les pigeons :* La seule vue d'un crétin de pigeon est pour l'enfant le signal obligé d'une course effrénée à travers le trottoir. LE PIGEON EST UN VOLATILE RIDICULE ET STUPIDE ! S'il s'envole, bravo, la poursuite s'arrête, mais s'il se précipite comme un imbécile qu'il est au milieu de la rue, alors l'enfant le suit, et à tous les coups il renverse un cycliste, et c'est le drame avec les assurances ! Ah, maudit pigeon !

— *Autres animaux :* Sous nos latitudes tempérées, on ne rencontre guère, en ville, d'autres animaux que les chiens, les chats, les pigeons, les cafards, et peut-être les rats si vous habitez un quartier grouillant et mal tenu, genre Hong Kong. Cependant, dans l'hypothèse improbable où vous verriez surgir un couguar devant vous, en pleine rue, alors n'hésitez pas à fuir, amis parents. Prenez votre gosse sous le bras et courez aussi vite que vous le pourrez ! Le couguar peut placer des pointes à 57 kilomètres/heure ! C'est fabuleux !

Notre conseil : Ne laissez pas votre enfant caresser les rats.

Obstacles matériels

En terrain plat, l'enfant n'a déjà que trop tendance à tomber sans raison valable, mais les trottoirs, comme un fait exprès, sont spécialement encombrés de monticules, de bancs publics, de poteaux indicateurs, de pissotières, de baraques à frites, de kiosques à journaux, de stands de tir, de colonnes Morris, de fontaines, d'arbres, de statues ! Et pourquoi pas des plots antichars, tant qu'on y est, ou des chevaux de frise, ou des barbelés électrifiés ? Les pouvoirs publics souhaitent-ils vraiment que nos enfants se fracassent le crâne à chaque pas ? Car la règle en la matière est parfaitement simple : S'IL Y A OBSTACLE, L'ENFANT PERCUTE !

Et il percute sec. Paf ! Ploeef ! Blaaang ! Alors, halte au massacre ! Agissez, messieurs du gouvernement ! Donnez-nous de larges avenues vides, comme en U.R.S.S. ! SAUVEZ NOS ENFANTS !

— *L'infect cas particulier des crottes de chien :* La crotte de chien est sans aucun doute l'obstacle le plus sournois qui soit, l'ennemi le plus sordide du randonneur pédestre. Surbaissée, tassée sur elle-même, se confondant pour ainsi dire avec le bitume, la crotte attend sa victime. Et elle n'attend pas longtemps, car l'enfant, lancé aux trousses d'un crétin de pigeon, ne soupçonne pas un instant sa présence ; il marche dedans, il glisse, il roule au sol ! Et c'est ensuite aux parents que revient la peu ragoûtante tâche de séparer la crotte de l'enfant, de gratter la semelle enduite, de récupérer le pantalon souillé. Assez ! C'est ignoble ! MORT AUX CROTTES DE CHIENS !

Notre conseil : Monsieur, madame, soyez comme des radars humains ! Détruisez les obstacles avant que l'enfant ne les percute, ou si vous ne pouvez pas les détruire, poussez sans arrêt des cris d'alarme ! Bien sûr, on va vous regarder de travers, mais tant pis. Si l'enfant a déjà percuté l'obstacle et qu'il pleure comme un veau, promettez-lui une friandise ou un petit jouet pour qu'il se taise.

4. ENTRONS DANS UN MAGASIN

Petite épicerie de quartier ? Grande surface ? Aucune importance. Dans la petite épicerie, l'enfant touche à tout et l'on vous regarde de travers ; dans la grande surface, il court partout en chantant à tue-tête et l'on vous regarde encore de travers.

Notre conseil : Faites-vous livrer à domicile.

5. ÉVITONS LE SCANDALE

Bien souvent, alors que vous êtes tranquillement en train de régler vos achats à la caisse du magasin, l'enfant pique une brutale crise de nerfs. Il réclame une friandise ou un petit jouet ! C'est absurde, et vous refusez avec raison de céder à son caprice, mais voilà qu'il se roule par terre en hurlant ! Naturellement, on vous regarde de travers.

Notre conseil : Payez-lui ce qu'il demande et barrez-vous.

6. RENTRONS À LA MAISON

Les courses sont faites, vous êtes épuisé, l'enfant lui-même donne des signes de fatigue. À l'aller, il courait loin devant vous pour se cacher comme un abruti sous les porches ; à présent, il est loin derrière à traîner la savate, et vous vous dévissez la tête pour le repérer dans la foule. L'ENFANT N'EST JAMAIS LÀ OÙ IL DEVRAIT ÊTRE !

Il faut toujours lui crier d'attendre, de revenir, de repartir et c'est affreusement angoissant, surtout si vous habitez un quartier pourri et crapuleux, genre Hong Kong.

Notre conseil : Tenez l'enfant en laisse comme un chien, et si on vous regarde de travers, faites-le aboyer.

Pathologie et risques liés à la rue

Symptômes	Causes
Jambe cassée, traces de pneus sur la joue	L'enfant n'était pas mûr pour aller faire les courses tout seul.
Touffe de poils dans la main, traces de dents sur le bras . . .	Un chien s'est rebiffé.
Pleurs, petite trace de main sur la joue	Un nain s'est rebiffé.
L'enfant n'est plus là	Il s'est perdu.
Blessure par balle	Vous habitez un quartier ignoble et crapoteux, genre Hong Kong.

Les Cahiers de l'IREP

Institut de Recherches sur l'Endurance Parentale

27, rue du Colonel Boudarel - Niort

CROIRE-OSER-PERSEVERER

Insititut fondé en 1897

Gaston Soupard Cedric Rondel

Expérience n° 800. Saint-Domingue, 5 mars 1950. Archivée 800/HU 89/folio 756.

Sujet : Mme Florence de Bourguès, 47 ans, gérante de magasin, mère de huit enfants.
Objet : Le sujet s'est engagé à faire visiter son magasin — « Cristallerie-vaissellerie SACASS, spécialité de porcelaine de Limoges » — à un groupe de huit enfants, dont quatre des siens.
Coût : 184 510 francs.

DÉROULEMENT DE L'EXPÉRIENCE

10 h 00 — Accueil des enfants à l'entrée du magasin. Le sujet tente de négocier avec les chercheurs de l'I.R.E.P., propose de rembourser l'argent versé, prétendant qu'elle a changé d'avis, offre même une prime pour annuler l'expérience. Pendant les négociations, deux enfants échappent à notre contrôle et pénètrent dans les lieux.

10 h 01 — Un enfant s'est pris les pieds dans une étagère d'exposition. Le sujet pousse un cri aigu et ininterrompu. Les chercheurs de l'I.R.E.P. se munissent de boules Quiès.

10 h 02 — Deux enfants se sont sérieusement entaillés sur les bris de verre. La chute d'un vase de Sèvres sur une ménagère en porcelaine de

Limoges provoque l'évanouissement du sujet. Les chercheurs de l'I.R.E.P. décident d'interrompre l'expérience.

ANALYSE

Les gérantes de cristalleries-vaisselleries sont des mères sensibles.

Note : Mme de Bourguès a réussi à localiser les chercheurs de l'I.R.E.P. le lendemain et les a contraints à payer les dégâts, ce qui explique le coût élevé de cette expérience. Nous profitons de cet incident pour rappeler à toutes nos équipes l'article 7 du règlement intérieur de l'I.R.E.P. : JAMAIS DEUX JOURS DE SUITE DANS LA MÊME VILLE !

L'ENFANT À TABLE : UN MOMENT PÉNIBLE ENTRE TOUS

Il n'existe rien au monde de plus éprouvant que d'assister au repas d'un enfant. C'est un spectacle déprimant, répugnant et interminable, qui se reproduit quotidiennement et auquel il est presque impossible d'échapper. Car il faut que l'enfant mange. C'est légal.

Or l'enfant n'aime rien. La notion de « gastronome en culottes courtes » n'est qu'une légende trompeuse.

LA BONNE RECETTE DE L'ONCLE SPOCK

Manger occasionnellement de petites quantités de féculents raffinés ne fait de mal à personne.

LE VIGOUREUX DÉMENTI DES AUTEURS.
Un féculent n'est jamais raffiné, docteur. Prout.

Doté d'un palais extrêmement médiocre, l'enfant est tout juste capable de différencier le salé (berk) du sucré (miam). Dès lors, le tableau alimentaire de cet individu limité peut se dresser de la façon suivante :

Ce qu'il aime	**Ce qu'il n'aime pas**
Le ketchup	Les oignons
Les frites	La moutarde au gingembre
Les McDo	La tête de veau sauce gribiche
Les nouilles	Les pieds paquet
La confiture	Les épinards
Le Nutella	La cervelle
	Le poisson cru
	Le radis noir
	Les tripes à la mode de Caen
	Le gésier confit
	Les rognons au madère
	Les salsifis
	Le munster
	Le gras-double
	Le chou à l'ail

On le voit, l'enfant n'aime presque rien. C'est très décevant.

Face à une telle attitude, les parents se rangent depuis des siècles dans deux camps bien distincts :
— Les stricts et les énervés font bloc sous la fière devise : « Finis ce que tu as dans ton assiette ! »
— Les permissifs et les fusionnels se rassemblent piteusement sous le drapeau blanc de la reddition, marqué de ces mots infâmes : « Qu'il mange ce qu'il veut, pourvu qu'il mange quelque chose. »

Voilà où nous en sommes. Triste constat... Le pays coupé en deux, divisé, promis à un avenir incertain où des enfants gras, le menton barbouillé de ketchup, côtoieront les silhouettes hâves mais fières des malheureux nourris au chou à l'ail. Faut-il en arriver là ?

Certes non ! Et il est heureux qu'une fois de plus nous soyons là, avec ce bon sens, cette mesure et cet esprit de simple lucidité qu'on nous connaît, pour réconcilier une bonne fois pour toutes la nation désorientée. Car la solution est simple, elle crève les yeux. Dans un pays où la tradition culinaire fait à ce point partie de la culture qu'un ministre de ladite culture n'a pas hésité à prendre le nom de l'un de nos plats nationaux les plus appréciés[1], dans un tel pays on ne peut baisser les bras. Votre enfant rechigne devant le hareng sauce ravigote que vous avez amoureusement mitonné ? Qu'à cela ne tienne ! Bandez-lui les yeux en lui disant que c'est un jeu, parfumez la pièce au vaporisateur d'ambiance steak-frites (disponible en grandes surfaces) et servez le hareng ! L'enfant, dont le palais est, rappelons-le très médiocre, n'y verra que du feu ! Mensonge ? Non ! Magie de l'enfance ! C'est formidable !

Et puis, que diable, une fois n'est pas coutume, retirez le bandeau et offrez à votre cher petit l'un de ces plats modestes qu'il aime tant et dont nous vous proposons ici quelques recettes :

1. On l'ignore trop souvent, mais notre bien-aimé ministre de la Culture se nomme en réalité Jacques-Henri Languedeveau-Saucegribiche, patronyme savoureux, certes, mais un peu long, qu'il a modestement raccourci en ce « Jack Lang » si dynamique qui fait l'admiration du monde entier.

Les nouilles au ketchup

Pour 2 enfants :
- *100 g de nouilles*
- *50 g de ketchup*
- *1 l d'eau*
- *Une pincée de sel*

1) Prenez une casserole.
2) Mettez l'eau et le sel dedans.
3) Mettez la casserole sur le feu, faites chauffer.
4) En attendant, papa secoue les nouilles.
5) Dès que l'eau bout, mettez les nouilles dedans.
6) Pendant que ça cuit, préparez le ketchup : prenez une bouteille de ketchup dans l'armoire, ouvrez-la. C'est prêt.

Apprenez à les reconnaître

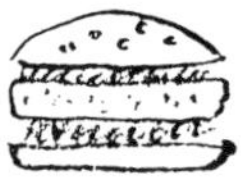

Le hamburger étranger

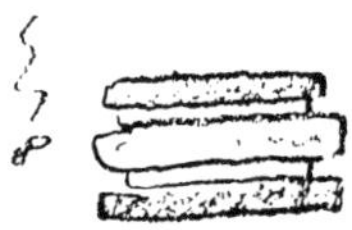

Le hamburger français

Le hamburger est-allemand

7) Piquez une nouille dans la casserole.
8) Goûtez-la. Si elle est croustillante, attendez encore un peu. La nouille se déguste molle.
9) Dès que la nouille est molle, prenez la casserole et videz l'eau. Sans vider en même temps les nouilles.
10) Mettez les nouilles dans les assiettes.
11) Videz dessus la bouteille de ketchup. C'est prêt.

Notre suggestion de présentation : Servez avec de grandes serviettes. Posez du linoléum dans la cuisine.

Les frites au Nutella

Pour 2 enfants :
- *500 g de frites*
- *Un pot de Nutella*
- *Une pincée de sucre*

1) Procédez comme pour la recette précédente en remplaçant :
— La casserole par une friteuse ;
— L'eau par de l'huile ;
— Les nouilles par des frites ;
— Le ketchup par du Nutella.

2) Servez chaud, et écartez-vous rapidement.

Notre suggestion de présentation : Ne servez pas ce plat en présence des grands-parents.

Le hamburger façon « McDo »

Pour 2 enfants :
- *Deux McDo*
- *Deux petites frites*
- *Deux Coca*

1) Emmenez vos enfants au McDo.
2) Commandez deux « Menus enfants ».
3) Payez. C'est prêt.

UN ENFANT QUI MANGE EST-IL UN SPECTACLE À MONTRER À UN ADULTE ?

Quel que soit le plat qui lui est proposé, et même s'il s'agit de l'une de ces recettes savoureuses tant prisées de ces chers petits, l'enfant adopte systématiquement à table un comportement pénible, déconseillé aux parents sensibles.

• **Il mange salement.** Peu concentré sur ce qu'il fait, l'enfant a du mal à effectuer le trajet entre l'assiette et sa bouche sans répandre autour de lui ce qu'il y a dans sa cuillère. Parfois même cette dernière parvient-elle vide à son but, ce qui fait beaucoup rire l'enfant. Tout est alors à recommencer. C'est éprouvant.

• **Il joue avec sa nourriture.** Château fort de purée avec la sauce dans les douves, batailles de petits pois, ping-pong avec les côtelettes de veau, perruque de choucroute, tout est à craindre. C'est paniquant.

• **Il va aux toilettes.** Immanquablement, dès que le repas est servi. C'est chiant.

• **Il parle tout le temps.** Et il fait des gestes en parlant, oubliant qu'il tient sa fourchette et qu'au bout de celle-ci vrombissent des spaghettis. C'est tachant.

• **Il joue au hamster.** Accumulant dans ses joues des morceaux de viande mal mâchés, afin de laisser le passage principal libre pour les frites. Quand les joues sont pleines, il prend un air piteux et recrache le magma gluant dans son assiette. C'est monstrueux.

• **Il se lève sans arrêt.** Tous les prétextes lui sont bons. Pendant ce temps-là, les nouilles refroidissent et la tension monte. C'est mauvais pour les nerfs.

• **Il mange froid.** Toujours. L'ensemble des activités précitées ne lui laisse pas le temps de finir son assiette avant qu'elle refroidisse, ni même, parfois, de la commencer. Or l'enfant préfère manger chaud. D'où l'invention du micro-ondes. C'est imparable.

• **Il convoite l'assiette d'autrui.** Même s'il a la plus grosse part, même si autrui mange des épinards. L'enfant possède au plus haut degré l'esprit de contradiction. C'est fatigant.

Un tel spectacle, on le devine, peut avoir des conséquences dramatiques sur l'équilibre nerveux des parents. Il est donc tout à fait déconseillé de regarder manger un enfant. Si vous devez absolument en nourrir un, regardez ailleurs et bouchez-vous les oreilles pendant qu'il s'alimente.

EXISTE-T-IL UN MOYEN DE FAIRE MANGER L'ENFANT ?

Depuis l'aube des temps, les parents se sont acharnés à faire manger rapidement et proprement les enfants. Certains, à travers les siècles, ont obtenu quelques résultats. Comment y sont-ils parvenus ? En employant des méthodes capables de faire plier la volonté d'airain de l'enfant. Des méthodes que nous sommes quelques-uns à réprouver et sur lesquelles il y aurait fort à dire. Ah, ça oui.

Mais enfin, bon, des fois ça marche. Et il paraît que l'enfant ne souffre pas. Il paraît qu'il suffit de lui dire que c'est un jeu.

Nous ne nous prononcerons pas sur le sujet.

Ces méthodes, tout de même, voyons-les :

• **« Une cuillère pour papa, une cuillère pour maman, une cuillère pour grand frère.** » L'enfant a bon cœur. Il n'ose refuser, de peur de vexer le membre de la famille concerné. Si la famille est assez vaste, on peut venir à bout de l'assiette. Si ça ne suffit pas, n'hésitez pas à mettre dans le coup le chien, les poissons rouges, Dorothée, Pinocchio (les enfants adorent Pinocchio) ou tout ce qui vous viendra à l'esprit. L'important est de ne pas perdre le rythme. Car il y a dans la phrase « Une cuillère pour... » une cadence hypnotique qui agit directement sur les neurones de l'enfant et annihile sa volonté. On se souvient que Mao Tsé-tung a tenté l'expérience durant la marche sur Rome, sur un groupe des Gardes rouges qui, après avoir été ainsi nourris durant trois semaines (« Un nem pour Chou En-lai, un chou à l'ail pour Lao-Tseu... ») furent parachutés en avant-garde sur Formose, armés de décapsuleurs, pour faire sauter les bouchons de résistance impérialiste. On ne les a jamais revus. C'est dire si la méthode est aléatoire.

D'un autre côté, et le fait est établi, ils finissaient leurs assiettes. C'était ça ou le camp de rééducation.

• **« Plus que deux, et c'est fini.** » L'enfant ne sait pas compter. Deux, douze, il ne voit pas la différence. De plus, il n'a aucune mémoire : s'il proteste, dites-lui que vous étiez convenus de trois dernières bouchées. Ou de quatre. Ou de dix. Il gobe tout ! C'est merveilleux ! Mensonge ? Non ! Magie de l'enfance !

• **Le concours de vitesse.** Seul inconvénient de cette méthode : elle nécessite la présence d'au moins deux enfants. Ou d'un enfant et d'un adulte acceptant de s'empiffrer à toute allure pour relever le défi (madame, soyez convaincante). Dès que l'enfant rechigne à finir son assiette, lancez le concours :

« Allez ! On joue à celui qui finit le plus vite ? Prêts, les enfants ? Un, deuuux, trois ! » L'enfant a l'esprit de compétition. Il va s'acharner à vaincre son adversaire. Et devinez ce que gagne le vainqueur ? Un dessert ! (Il n'est pas impossible d'organiser une revanche autour de l'absorption du dessert. On gagne alors une sieste.)

• **Le gémissement culpabilisant.** Évoqué de façon théorique dans un chapitre précédent, il trouve ici une application particulièrement efficace, face à l'inconstance de l'enfant. Par exemple : « Oooh... Mais chez mamie tu les aimes, les concombres ! »

• **Le hurlement désarticulé.** L'enfant qui joue avec sa nourriture ou qui pleurniche devant une purée déjà froide peut être surpris par une brutale perte de contrôle du parent chargé de le faire manger. La peur, dès lors, peut lui conseiller de finir son assiette vite fait avant d'aller se planquer sous son lit.
Le mot à hurler est « mange ». De la façon suivante : « MAAANGE !!! »

• **« Si tu ne finis pas ton assiette, tu auras la même chose ce soir, et demain, et après-demain, et tout le temps qu'il faudra jusqu'à ce qu'elle soit finie, tu m'entends ? »** Cette méthode présente-t-elle quelque intérêt ? A-t-elle véritablement quelque efficacité ? Permettez-nous d'en douter. À moins, bien sûr, de l'accompagner d'un hurlement désarticulé. Mais alors, n'est-ce pas ce dernier qui aura emporté la décision ?

L'inconvénient majeur de cette méthode est qu'elle n'est jamais réellement mise à exécution. Et l'enfant a une mémoire d'éléphant (ceux qui vous diraient le contraire n'y connaissent rien) : il sait très bien que les restes finissent toujours à la poubelle. Alors il prend son air buté et ferme obstinément la bouche, contre laquelle vous pressez inutilement une fourchette recouverte de petits pois. Et les petits pois vacillent et tombent à terre. Et vous passez au hurlement désarticulé. Nous vous l'avions bien dit.

• **Le gavage.** Très appréciée des oies, cette méthode donne de fort bons résultats, même si elle s'avère plutôt salissante. Choisissez des aliments mous (purée, choucroute, spaghettis) car l'enfant gavé ne peut pas mâcher.

OÙ L'ON RETROUVE LE Dr FITZHUGH DODSON

Un enfant, de toute évidence, préfère une frite croustillante à une frite ramollie.

LA RÉPONSE DES AUTEURS
Il préfère aussi un bonbon à une gifle.

Nos lecteurs les plus attentifs l'auront remarqué, ces diverses techniques présentent bien sûr quelque intérêt, mais se trouvent en contradiction flagrante avec notre règle d'or n° 1, et même avec notre règle d'or n° 2. Et puis, osons le dire, elles ne sont pas classe. Indignes d'un gentleman.

D'ailleurs, sont-elles bien nécessaires ? Permettez-nous d'en douter. Car il est temps, maintenant de lever le masque.

L'ALIMENTATION RÉELLE DE L'ENFANT

Car, bon sang, à la fin, il faut le dire ! Pourquoi l'enfant ne mange-t-il pas à table ?
PARCE QU'IL N'A PAS FAIM !

Et pourquoi n'a-t-il pas faim à table ?

PARCE QU'IL S'EST BOURRÉ PENDANT TOUTE

LA JOURNÉE DE TOUT UN TAS DE SALOPERIES SUCRAILLEUSES !

À l'instar de l'Américain (grand enfant), l'enfant se nourrit principalement de bonbons, de gâteaux et de Coca. Aux heures de repas, il tolère le hamburger, les frites et le ketchup. Au goûter, il s'empiffre de Nutella, de confitures rouges qui tachent et de chocolat qui fond dans la main.

Voilà l'alimentation des enfants.

Voilà comment les enfants d'aujourd'hui deviendront les adultes de demain.

C'est pas comme ça qu'on gagnera les Jeux olympiques.

Pathologie et risques liés à l'alimentation

Symptômes	Causes
L'enfant étouffe et devient bleu	Os de poulet dans la gorge.
L'enfant devient gras comme un beignet	Excès de McDo.
L'enfant bave, se tortille par terre, a mal au ventre	Amanite phalloïde.
Coliques, vomissements	Excès de chocolat. Frites au Nutella.
Constipation	Excès de riz.
Mort brutale inexpliquée, odeur d'amandes amères dans la bouche	Empoisonnement au cyanure.

L'ENFANT, LA MAISON, LA PEUR

Les pédagogues répètent inlassablement que la maison est pleine de dangers pour l'enfant, mais ils se gardent bien de révéler que l'enfant est lui-même un danger effroyable pour la maison. Et pourtant, chaque jour, que de moquettes salopées, de bibelots brisés, d'appartements saccagés par les moins de dix ans !

LE POTENTIEL DE DESTRUCTION DES ENFANTS EST ILLIMITÉ !

Et l'attitude des pédagogues honteusement partiale. Entre l'enfant et la maison, ces gens-là ont choisi leur camp. Délibérément. Et vous ne les ferez pas changer d'avis, aucune chance ! C'est à se demander s'ils habitent quelque part. Parce qu'enfin, pour qu'un gosse ne s'ébouillante pas dans une cuisine, c'est tout simple, il suffit de ne rien faire chauffer, de s'en tenir systématiquement aux repas froids, qui peuvent être délicieux ! Si, si, quand c'est bien fait, c'est délicieux. Et pour que le gosse n'aille pas bâfrer en douce les neuroleptiques de papa ou les pilules coupe-faim de maman, il n'y a qu'à mettre l'armoire à pharmacie hors de sa portée, dans un coffre à la banque. Et pour qu'il ne colle pas ses doigts gluants dans les prises d'électricité, il y a des cache-prises, bon sang !

PROTÉGER UN ENFANT, C'EST FACILE.

Mais comment protégera-t-on un mur de salon fraîchement repeint, ou un vase ancien (dynastie Deng) ou une innocente carpette laine et soie mélangées des agissements irresponsables du vandale en herbe ?

Hein, comment ?

... Plaît-il ? C'est à nous de vous le dire ? Mais parfaitement, chers lecteurs, nous nous apprêtions à le faire. Seulement attention : ce ne sera pas de la tarte. L'enfant, tel un jus sirupeux, s'insinue partout dans la maison, et s'il y a une bêtise à faire quelque part, croyez-nous, il la fera. Un moment : avez-vous bien saisi, amis, le sens profond de cette dernière phrase, sa sagesse immémoriale, sa vérité quasi biblique ?

S'IL Y A UNE BÊTISE À FAIRE QUELQUE PART, L'ENFANT LA FERA.

Voilà ce que vous devez comprendre une bonne fois pour toutes. Et s'il ne la fait pas, tant mieux, ce sera une excellente surprise.

Point par point, voyons les problèmes.

L'ÉPINEUSE QUESTION DES SOLS

L'enfant est en contact continu avec le sol. Il tombe pour un oui pour un non, il rampe, il se traîne à quatre pattes en hurlant, il bave, il crachouille, il joue avec ses cubes, bref, il fait des tas de choses par terre. Sans compter qu'il marche partout avec ses chaussures sales. De nombreux parents les lui font retirer dès qu'il rentre à la maison, mais c'est inutile : l'enfant a les pieds plus sales que ses chaussures.

Dans ces conditions, moquette ou parquet ? Sans hésiter, nous répondons : les deux ont des inconvénients. La moquette, si c'est l'option retenue, sera choisie robuste, genre usage ultra-intensif, synthétique à

100 % et traitée scotch-guard. Pour la couleur, la teinte rêvée serait un gris crassier moucheté de brun, de rouge, de jaune, de verdâtre, de façon que tout puisse s'y fondre, le Nutella, le ketchup, les œufs et le vomi. Hélas, un tel coloris, bien que fort attrayant pour l'œil, n'existe pas dans le commerce.

NOTRE SOCIÉTÉ N'EST PAS FAITE POUR LES ENFANTS !

En cas de plancher, on privilégiera les bois durs et compacts, genre ébène ou séquoïa du Kenya, sans oublier cependant que tout bois est susceptible de brûler, surtout si un gosse joue avec des allumettes dans un rayon de trente centimètres. La moquette s'embrase moins facilement, et s'il est vrai qu'avec des enfants elle devient vite abjecte, il est plus facile d'en changer que de changer de parquet. Autre point fort pour la moquette : elle étouffe les bruits de chute de l'enfant. Mais elle ne va pas jusqu'à étouffer l'enfant lui-même quand il braille.

Quoi qu'il en soit, la meilleure solution reste à notre avis le linoléum, le bon vieux préservatif des sols,

---

L'AVIS MÉDICAL DE LAURENCE PERNOUD

Si l'enfant s'est coupé, est tombé, s'est égratigné [et que] la blessure saigne : lavez soigneusement à l'eau et au savon. Désinfectez ensuite en badigeonnant au merchurochrome. Enfin, pansez.

LA QUESTION ANGOISSÉE DES AUTEURS
Et s'il y a des taches de sang sur la moquette, docteur, qu'est-ce qu'on fait ?

épais, coriace et quasiment indestructible, sauf en cas d'attaque nucléaire. C'est laid ? D'accord, mais on ne peut pas être à la fois parents et esthètes, amis lecteurs. Ah, bien sûr, l'idéal serait que les enfants se tiennent éloignés du sol mais, quand même, c'est difficile de leur demander ça.

LES MURS, ÉTERNELLES TÊTES DE TURC

Ce qu'il faut voir, d'abord, c'est que l'enfant passe sa vie à bondir de pièce en pièce et qu'il est toujours en déséquilibre, principalement dans les virages. D'où la nécessité vitale pour lui de prendre appui sur les murs avec ses mains sales. D'où l'angoisse parentale. Et ce n'est pas là, loin s'en faut, l'unique agression dont les murs font l'objet. Il y a les coups de pied en vache, les bouts de soulier qui butent dans les plinthes pour y laisser d'ignobles traces noires, les jets et projections de matières diverses. N'oublions pas que l'enfant est l'homme des grands gestes brusques. Savez-vous qu'en moyenne un seizième de sa ration alimentaire quotidienne termine sa course contre un mur du domicile familial ? C'est énorme. C'est désastreux. Surtout dans les familles où l'alimentation est riche en gras (Franche-Comté, Picardie, Oubangui-Chari).

Et il y a bien sûr cette manie qu'ont les jeunes enfants de dessiner sur les murs avec leurs crayons feutres. On peut dire qu'en agissant ainsi, ils se rattachent à toute une tradition picturale rupestre qui va des grottes de Lascaux à Picasso, en passant par Michel-Ange. On peut dire aussi qu'ils charrient, et leur coller une bonne baffe !

Y a-t-il une façon de défendre efficacement ses murs ?

Non. Il est toujours possible de les garnir de tessons de

bouteille, mais en intérieur, ça fait sale. On peut aussi les isoler derrière un fil de fer électrifié, mais c'est une perte de place importante, surtout dans des logements déjà exigus comme les vôtres, lecteurs au budget étranglé. On peut encore peindre les murs en noir, parce que tout de même c'est moins salissant. Mais ce n'est pas très gai, et puis là, pardon, le yaourt marque un maximum !

Les 6 dangers de la maison

1. L'enfant peut renverser cette casserole d'huile bouillante et tacher la moquette.
2. L'enfant peut renverser cette enclume et abîmer le parquet.
3. En mettant ses doigts dans cette prise, l'enfant peut provoquer un court-circuit (intervention de l'électricien - 150 F/H HT).
4. L'enfant peut embêter ce chien.
5. S'il absorbe ce médicament, l'enfant peut être malade et tacher le papier peint.

Apprécions au passage l'intelligence et l'élégance avec lesquelles les parents esquimaux ont su résoudre le problème : chez eux, dans l'igloo, les murs sont tellement froids que l'enfant n'y touche pas ! Hélas, sous nos climats de crachin tiède, pas question d'igloo. Vous voulez qu'on vous dise : l'idéal, à la maison, ce serait qu'il n'y ait pas de murs.

BAIES VITRÉES, DÉFENESTRATION

Souvent, vous remarquez sur vos vitres d'étranges opacités, des taches surprenantes, en bas, en haut, partout. Celle-ci, c'est le tracé des lèvres grasses de votre enfant, monsieur. Celle-là, madame, c'est la marque de ses doigts collants. Les enfants adorent écraser leurs lèvres grasses et leurs doigts collants sur les vitres. Ils ne font pas la différence entre un Kleenex et une baie vitrée.

Mais il y a pire ! Ils s'acharnent à casser les carreaux à coups de pierre, avec leurs billes, leurs ballons, avec leur tête parfois ! Rien d'étonnant si les fenêtres se rebiffent de temps à autre et qu'un gamin bascule du quatrième. Extrêmement fâcheux. Ah, tous ceux qui ont vécu en bunker vous le diront : l'idéal, avec les enfants, ce serait qu'il n'y ait pas de fenêtres.

CHOSES, BIBELOTS, BRISURES

« Une maison sans bibelots est comme une femme sans culotte », a dit le poète, et nous lui laissons l'entière responsabilité de son propos. Nous pensons, nous, que l'enfant est en lui-même un merveilleux bibelot vivant, et c'est pour cela que nous l'aimons tant. Sa radieuse présence dans la maison devrait dispenser les parents de tout effort de décoration. Entourez l'enfant de tableautins charmants, de statuettes nègres, de vases anciens (dynastie Pong), et il les détruira, il les massacrera, il les pulvérisera ! Déjà, il s'attaque aux meubles, il va taper de la tête dedans pour les écorner, et il cogne sans arrêt ses petits genoux pointus dans les tiroirs ! Alors dites, vous voulez vraiment qu'il flingue aussi vos bibelots ?

Soyons justes : ce n'est pas par méchanceté que l'enfant se comporte ainsi. Simplement, il est extraordinairement créatif et inventif. Il trouve aux choses mille utilités auxquelles vous-mêmes n'auriez jamais songé avec votre sensibilité atrophiée d'adultes. Ainsi, ce vieux fond de sauce madère, monsieur, auriez-vous pensé à le projeter sur le mur du salon ? Honnêtement ? Et ce fez marocain, rapporté d'un voyage à Tunis, qui aurait dit qu'il pourrait un jour servir à boucher les toilettes ?

Du fait même de son exceptionnelle spontanéité et de son tempérament « artiste », l'enfant, c'est clair, ne doit pas être mis au contact de n'importe quel objet. Le couple « enfant-marteau » est par exemple à proscrire. Tout comme le couple « enfant-samovar Louis XII ». Ou encore le couple « enfant-fusil de chasse ». Un décor sobre, des murs nus, des placards vides, voilà ce qui convient, amis lecteurs, voilà la garantie que votre enfant ne cassera rien ! Ou alors il se cassera un bras, mais c'est son affaire.

CUISINE, TERRE D'AFFRONTEMENT

En tant que zone à haut risque, la cuisine devrait être hermétiquement isolée du reste de la maison, mais comme un fait exprès, l'enfant y rôde en permanence. C'est odieux. S'il a disparu de votre champ visuel, si vous ne l'entendez plus depuis un moment, ne cherchez pas : vous le trouverez près du frigo, en train de refaire le plein de boissons sucrées, de yoghourts aux fruits et de glace à la fraise. Bon, qu'il s'empiffre dans la cuisine, passe encore, c'est normal. Mais le vrai drame, amis, c'est que quand l'enfant en sort après chaque repas, il draine avec ses pieds 200 ou 300 grammes de détritus divers, gras de jambon, petits pois écrasés, épluchures de patates, arêtes de sole, sauce tomate, qu'il va disséminer partout dans la baraque !

IL Y A DE QUOI DEVENIR DINGUE !

Sans parler de la quantité non définie de matière grasse qui imbibe la semelle de ses pantoufles, et qui tache horriblement ! L'enfant devrait toujours se déchausser avant d'entrer dans la cuisine, et ne se rechausser qu'en en sortant, comme un Arabe. Enfin, comme à la mosquée, quoi. Parce qu'à la mosquée, permettez-nous de vous le dire, le gras de jambon par terre, vous n'en trouverez pas ! C'est propre, au moins, à la mosquée !

Les filles, nous sommes navrés d'avoir à le signaler, posent en outre un problème particulier[1]. Ce n'est pas qu'elles soient spécialement attirées par la cuisine, mais elles le sont par les chaussures à talons de leur maman, et là, avec le carrelage, osons le dire, c'est un flamenco d'enfer ! Alors de deux choses l'une : soit la fillette renonce à enfiler les escarpins de sa mère, et ça semble impossible pour des raisons génétiques ; soit vous renoncez à avoir une cuisine carrelée.

Mais alors si pas de carrelage dans la cuisine, quoi d'autre ? Toujours le vieux linoléum ? Hélas, nous n'avons rien de mieux à vous proposer, chers parents. Ah, l'idéal serait qu'il n'y ait pas de sol dans la cuisine ! Ou même pas de cuisine, tiens !

1. Les parents de garçon peuvent passer directement au paragraphe suivant.

LE MYSTÈRE DE LA CHAMBRE D'ENFANT

La chambre d'enfant se reconnaît à deux détails très caractéristiques :

1) L'enfant n'y est jamais.
2) Il y règne un désordre horrifique.

Le désordre s'explique, puisque l'enfant reçoit à longueur d'année des quantités de jouets phénoménales. On lui en offre pour Noël, pour son anniversaire, pour l'anniversaire de son frère (pas de jaloux), pour qu'il arrête de hurler quand il pique une crise de nerfs au supermarché, pour le récompenser quand il n'a pas piqué de crise de nerfs au supermarché, quand il perd une dent de lait, quand il a une bonne note à l'école, quand des amis viennent dîner à la maison, et ainsi de suite, et bien sûr tout ça finit par s'entasser, par encombrer, par proliférer. D'autant que l'enfant ne range pas sa chambre. Jamais. Mais alors pourquoi n'y reste-t-il pas, au moins ? La question est discutée.

Certains prétendent que c'est à cause du désordre. L'enfant ne supporterait pas ce laisser-aller ambiant, et il choisirait délibérément d'aller voir ailleurs si vous y êtes. D'autres, sans rejeter cette première explication, avancent qu'il n'y a au fond qu'une seule activité possible dans une chambre d'enfant : ranger. Or, on l'a dit, l'enfant ne range pas sa chambre. Jamais. Il préfère transporter ses quatre-vingt-sept jouets favoris au salon pour s'y installer confortablement. D'autres encore pensent que si l'enfant déserte sa chambre, c'est uniquement par instinct grégaire, parce qu'il a besoin d'être là où vous êtes. C'est bien gentil, mais dans tous les cas le résultat est le même : votre magnifique salon Régence se retrouve transformé en campement romano !

Y a-t-il un moyen de contenir l'enfant dans sa chambre, amis parents ? Oui.

ENFERMEZ-LE À CLEF !

L'AMÈRE ILLUSION DE L'ESPACE VITAL

Des parents s'imaginent qu'un logis spacieux est la condition obligée du bien-être de leur enfant. Foutaises ! On vient de voir avec quelle morgue le petit être fait fi de la chambre qu'on lui a réservée, et qu'on a décorée pour lui avec amour. En vérité, osons l'écrire :

CE SONT LES PARENTS QUI ONT BESOIN D'ESPACE !

Et qui en sont privés. Car, que vous viviez dans un deux pièces-cuisine ou dans un castel sarrasin, amis, ce sera du pareil au même : vous aurez constamment l'enfant dans les pattes. Toujours l'instinct grégaire...

Dès que ses capteurs lui ont signalé votre présence, l'enfant s'approche comme un destroyer dans la brume. À peine avez-vous eu le temps de déplier votre journal qu'il grimpe déjà sur vos genoux et qu'il s'accroche hystériquement, pareil à l'araignée noire de Malaisie. Impossible de lire.

Mais c'est quand vous allez vouloir bouger, monsieur, que les choses vont réellement se gâter. Prompt à filer à l'autre bout de l'appartement quand il s'agit d'échapper au shampooing, l'enfant devient brusquement lourd et lent. Gluant. Vous voulez avancer, il vous bloque le passage. Vous essayez de le contourner par la gauche, par la droite, mais il est toujours là, dans vos pieds ! Alors vous faites un pas en arrière, et vous le heurtez encore, parce qu'il est aussi derrière vous ! C'est incroyable ! Malgré sa taille minuscule, il est partout en même temps ! Et c'est en effet une bien curieuse loi de la nature, amis lecteurs : les enfants causent un encombrement inversement proportionnel à leur taille. PLUS ILS SONT PETITS, PLUS ILS PRENNENT DE PLACE !

Voilà pourquoi tenter de se déplacer dans un lieu clos avec un jeune enfant est toujours une épreuve pour les nerfs. Surtout quand on a les bras chargés et qu'il y a des portes à franchir. Obstacle vivant, véritable chicane mobile, l'enfant freine toute progression en colonne par deux. Mais il est rose comme une fesse de Hollandaise et il a le regard clair comme le premier reflet de l'aube sur la Seine, alors on n'ose pas le gifler.

Il n'est pas simple, on le voit, de partager sa maison avec un enfant. Mais il y a pire : le petit être vous demande parfois de jouer avec lui.

Pathologie et risques liés à la maison

Symptômes	Causes
Hurlements, sauts frénétiques	À force de faire le zouave, l'enfant s'est pincé les doigts dans une porte.
Couinements sourds, appels à l'aide	L'enfant est coincé sous la bibliothèque.
Fracas de vaisselle, pleurs. . .	L'enfant a essayé de mettre la table.
Coupure au pied, hémorragie	L'enfant s'est blessé en shootant dans une vitre.
Agitation, allergie, toux.	ATTENTION ! Des acariens se sont introduits dans la maison.
Suffocation, crise d'asthme . .	L'enfant a été mordu par un acarien.
Bosse au front	L'enfant a raté le virage de la salle de bains (il était certainement poursuivi par un acarien).
Dyspepsie.	L'enfant a mangé un morceau de moquette.

Les Cahiers de l'IREP

Institut de Recherches sur l'Endurance Parentale

27, rue du Colonel Boudarel - Niort

CROIRE-OSER-PERSEVERER

Insititut fondé en 1897

Gaston Soupard Cedric Rondel

Expérience n° 1089. Madrid, 16 décembre 1967. Archivée 1089/PZ78/folio 987.

Sujet : Mme Conchita Perez, 33 ans, mère de deux petites filles (Esperanza, 8 ans, et Inès, 11 ans).
Objet : Le sujet s'est engagé à tricoter une écharpe au crochet pour son mari, assise sur un tabouret au milieu d'une pièce, tandis que, dans un coin, les chercheurs de l'I.R.E.P. giflaient sans discontinuer ses deux petites filles. L'expérience ne pouvait prendre fin qu'à l'achèvement de l'écharpe. Aucune réaction d'ordre émotionnel ne devait être enregistrée.
Coût : 1 500 pesetas.

DÉROULEMENT DE L'EXPÉRIENCE

8 h 30 — Le sujet prend place sur son tabouret, après avoir embrassé ses deux petites filles.

8 h 31 — Première gifle. La petite Inès pleure très fort.

8 h 32 — Quatrième gifle. La petite Esperanza crie encore plus fort. Les chercheurs de l'I.R.E.P. se munissent de boules Quiès.

8 h 52 — Raymond Poissard, pourtant un vieux de la vieille, avec nous depuis l'affaire du car Toulon-Vesoul, renonce : ampoules à la main droite.

11 h 22 — L'écharpe est terminée. Mille huit cent vingt-sept gifles ont été distribuées en vain. Le sujet s'est montré admirable en tous points. Nous payons de bon cœur la somme convenue.

11 h 24 — Le sujet et ses deux fillettes quittent le lieu de l'expérience. La petite Inès trébuche et prononce un gros mot (« Hijo de tortilla ! »). Le sujet lui donne une gifle.

ANALYSE

En décembre, les Ibères sont dures.

L'ENFANT QUI JOUE : UN RÉPIT ?

On serait en droit d'attendre d'un enfant qui joue quelques moments de calme, une trêve entre deux catastrophes, un cessez-le-feu provisoire permettant, au moins, de nettoyer le terrain. Hélas, une fois encore, la réalité est bien amère. Car l'enfant ne connaît pas le répit. À l'instar de l'Apache, qu'il admire, l'enfant frappe toujours au moment où on l'attend le moins. C'est la raison pour laquelle il ne faut pas quitter de l'œil un enfant qui joue.

Plus que jamais, l'enfant qui s'amuse est un danger public. Car le mot « jouer » est un faux ami. On pourrait légitimement croire que l'enfant ne songe pas à mal et ne cherche qu'à se distraire : ce serait le sous-estimer. L'ENFANT, QUAND IL JOUE, BRISE. ET S'IL NE BRISE PAS, IL CHUTE.

On voit là les deux facettes du jeu enfantin, également dangereuses, également effrayantes : soit il fait tomber quelque chose, soit il tombe lui-même. Dans les deux cas, il y a du dégât.

Nous vous le disions : c'est pas de la tarte.

Chuter, pour un enfant, est la conséquence naturelle de sa façon insensée de se déplacer. Songez que ce petit être d'apparence innocente est capable de sauter à la corde, de foncer droit devant lui à une vitesse aberrante sur des patins à roulettes, de bondir sans raison en tous sens, de se jeter par la fenêtre pour jouer à Batman !

Briser, en revanche, n'est pas comme on pourrait le croire une conséquence, mais le but même, la signification ultime du jeu. L'enfant qui joue peut briser toutes sortes de choses : un vase (ballon), une assiette (ball-trap), une lampe (flèche), un service à thé (dînette). Au besoin, s'il ne trouve rien d'autre, l'enfant peut même parvenir à nous les briser menu.

Cette propension naturelle à la destruction a obligé les parents à se concerter et à décider la création du jouet, objet qui, on l'oublie trop souvent, n'est pas une récompense, mais un dérivatif. En effet, le jouet, toujours, casse. C'est son rôle. Fourni en grandes quantités à l'enfant, présentant des formes attractives et des couleurs chatoyantes aptes à le séduire, le jouet préserve votre appartement. Tandis que l'enfant s'acharne à le détruire, il oublie votre vase (dynastie Meung) et votre baromètre de Palavas. C'est un progrès incontestable.

Mais attention : il ne faut pas acheter n'importe quoi, très vite, en vrac dans quelque braderie à jouets comme nous en connaissons tous, sous prétexte que le camion rouge à hayon jaune, que la poupée qui dit « Meungnbizz » quand on la couche finiront de toute façon à la poubelle. Ce serait trop simple !

LES JOUETS : QUE CHOISIR ?

Certains pédiatres inconscients se sont répandus dans nombre d'ouvrages insensés que nous nous refusons à nommer ici sur le rôle éducatif du jouet, le conditionnement social provoqué par les jeux proposés aux filles ou aux garçons, et on ne sait trop encore quelles calembredaines issues de leurs cerveaux malades. Vous le savez bien, parents amis, et nous le savons tous : IL N'Y A QUE DEUX SORTES DE JOUETS : CEUX QUI S'ÉMIETTENT EN MILLE MORCEAUX ET CEUX QUI PÈTENT NET.

Lesquels choisir ?

Deux écoles s'affrontent : les jouets qui s'émiettent (Lego, puzzle, Meccano, accessoires de Barbie, etc.) ont une durée de vie limitée, parce que la toute petite pièce indispensable qui tient tout le bazar est en général la première perdue. D'un autre côté, l'enfant peut passer un certain temps à la chercher, et c'est autant de gagné pour votre tranquillité. À l'opposé, le jouet qui pète net — disons en deux ou trois morceaux maximum (arc, vélo, poupée, étalage de marchande) — peut survivre quelque temps jusqu'à l'inéluctable destruction. Celle-ci peut provoquer des larmes (l'enfant, sentimental de nature, s'y était attaché), voire des dégâts si les morceaux sont pointus.

Nous n'entrerons pas dans ce débat qui date, rappelons-le, de l'interdiction des jouets en fer, qui étaient d'une solidité à tout casser, bourrés de petites pièces acérées contre lesquelles venaient inutilement se blesser les petits poings de nos parents, c'était le bon temps, n'en parlons plus. Néanmoins, certaines précautions doivent être prises :

• **Méfiez-vous des jouets italiens.** Construits en plastique rouge, comme les Ferrari, recouverts de décalcomanies chatoyantes, ils plaisent aux enfants dont le goût douteux est bien connu. Ils sont en général télécommandés, munis de piles et de petites antennes, et se fracassent dès la première utilisation. L'enfant n'aime pas qu'on lui mâche le boulot, et la destruction trop facile du jouet italien lui laissera une certaine amertume.

• **Offrez à d'autres enfants des jouets français.** Ils présentent les mêmes caractéristiques que leurs concurrents transalpins, sauf qu'ils sont démodés et très chers.

• **Investissez modérément dans le jouet nippon.** Spécialistes du marketing, nos amis japonais commercialisent partout dans le monde, et même chez nous, des cargaisons entières de jouets tirés des dessins animés qu'ils fabriquent à la chaîne, de leurs petites mains bridées, dans leurs usines souterraines du Pacifique, tout en poussant des rires cruels, en lissant leurs longues moustaches et en mangeant des nids d'hirondelles. C'est très fort. Vague après vague, les Chevaliers du Zodiaque, les Chasseurs de fantômes, les Destructor à ailettes et les Tortues Ninja déferlent sur nos rives. L'enfant, être influençable, exige toute la collection. Le temps que vous parveniez à rembourser les traites, un nouveau dessin animé, de nouveaux machins colorés sont lancés sur le marché, et vous pouvez balancer tout ce que vous avez acheté. Vous voulez qu'on vous dise ? Les jouets nippons nous les gonflent.

• **Résistez au mirage du jouet est-allemand.** Bâti d'un bloc dans un morceau du mur de Berlin, peint en gris et traité contre la corrosion, le jouet est-allemand est construit pour durer, comme la Trabant. En plus, il n'est pas cher. De tels avantages, avouons-le, le rendent particulièrement sympathique aux yeux des parents. Il a malheureusement un défaut : l'enfant ne veut même pas entendre parler d'un jouet incassable.

LE BON CONSEIL
DE LAURENCE PERNOUD

La joie que procure un jouet n'est pas proportionnelle à son prix.

LE SCEPTICISME DES AUTEURS
Essaie un peu d'offrir un yoyo à nos mômes pour Noël, on en reparlera, Laurence !

COMMENT LES ENFANTS JOUENT-ILS ?

Quoi de plus charmant que le spectacle d'un enfant qui joue ? Tout entier à son monde, il fait des bruits de moteur avec la bouche, fait crisser les pneus dans les virages en disant « iiiiiii », provoque d'épouvantables accidents et casse ses voitures, ou bien vend 100 grammes de pommes de terre à 200 francs le kilo à une cliente imaginaire, qui paye, sans rechigner (alors qu'entre nous c'est un peu cher, quand même !) et puis s'énerve et casse sa boutique de marchande, quoi de plus charmant ?

Un enfant qui dort.

Osons le dire, un enfant qui dort est plus charmant qu'un enfant qui joue. D'autant plus que ces chers petits jouent rarement tout seuls. Si rarement que lorsqu'un enfant s'amuse gentiment dans sa chambre avec ses Lego, ses parents, pris de panique devant le brusque silence qui a envahi la maisonnée, ne tardent jamais bien longtemps à faire irruption dans la pièce, le cœur battant.

• **Quand l'enfant joue tout seul,** il gagne. Il est le chef des bons et bat les mauvais à plate couture. Il donne des fessées à ceux qui ne sont pas sages. Il colorie les éléphants en vert.

• **Quand deux enfants jouent ensemble,** ils ne jouent pas, ils parlent de ce qu'ils vont faire.
— On serait des cow-boys, dit l'un, et moi je serais le chef et on dirait que tu es prisonnier des Indiens et que je te sauverais.
— Oh non, hé, dit l'autre. On dirait plutôt qu'on serait des pirates !
— Oh non, c'est nul.
— Même pas vrai !

L'instant suivant, les deux enfants jouent à se battre.

• **Les filles et les garçons ne jouent jamais ensemble,** sauf lorsqu'ils y sont obligés, à l'occasion d'une invitation arrangée par les mères, par exemple. La scène se déroule alors invariablement de la façon suivante : la petite fille mène le jeu et le petit garçon obéit. Il achète docilement 100 grammes de pommes de terre au prix abusif de 200 francs le kilo. Puis il est d'accord pour être le papa et faire ce que la maman ordonne. Puis il berce la poupée. Puis il rentre chez lui avec sa vraie maman et, dans la voiture, fond en larmes.

• **Quand l'enfant joue avec ses parents,** c'est lui qui commande. Les parents, bons zigues, se plient docilement à ses moindres volontés, se mettent à quatre pattes pour faire le cheval, hennissent, se cabrent, ont mal au dos et disent « Ça va comme ça » puis arrêtent de jouer. L'enfant est déçu.

L'AVIS OBJECTIF DE FRANÇOISE DOLTO

Les enfants ont besoin d'énormément de détente.

LE GROMMELLEMENT ASSOURDI DES AUTEURS
Et les parents, alors ?

LES JEUX DE PLEIN AIR

Quand il fait beau, c'est-à-dire quand il ne pleut pas, les parents enfermés avec un enfant décident immanquablement à un moment ou un autre de la journée d'aller faire un tour dehors. Sage décision. L'enfant, à l'extérieur, dépense sans compter le trop-plein d'énergie qui fait de lui en permanence une bombe humaine prête à tout détruire dans un large rayon d'action.

Les jeux de plein air sont à cette dimension : ballon dans lequel on peut taper très fort, très loin, n'importe comment ; corde à sauter qui peut vrombir à la vitesse du son ; maillet de croquet dont on peut frapper le sol vigoureusement ; raquette qui peut frapper une balle, ou un arbre, ou un chien, ou faire des moulinets endiablés et puis gicler comme un frisbee infernal et décapiter un nain ! C'est fantastique !

Il est important, néanmoins de respecter les quatre règles d'or du jeu en plein air :
1°) Se tenir hors de portée de l'enfant qui joue.
2°) Ne pas oublier de récupérer l'enfant lorsqu'on rentre chez soi.
3°) Penser à le désarmer avant qu'il ne franchisse le seuil de la maison, afin de ne pas le laisser poursuivre à l'intérieur ses jeux d'extérieur.

Comment jouer au ballon prisonnier avec un enfant

Bon — Mauvais

UN BON CONSEIL

Ne laissez pas votre enfant emporter des jouets encombrants en promenade (bicyclette, poupée géante, chameau en peluche). Au bout de cinq cents mètres, inéluctablement, c'est vous qui les porteriez.

Ces quatre règles fondamentales étant bien retenues, laissez votre enfant faire ce qu'il veut lorsqu'il est dehors. Dites-vous que votre mobilier ne craint rien, pour une fois. Bien sûr, ses débordements frénétiques provoqueront à coup sûr des déchirures, des chutes et des pleurs. Bien sûr. Ah, bon sang, c'est vache. Mais le mobilier n'a rien, pour une fois.

RIEN NE PEUT FAIRE TAIRE LE Dr SPOCK

Il [l'enfant] a besoin surtout d'objets à manipuler, à tourner en tous sens, à essayer de casser, de tirer, d'arracher, de porter à la bouche, de mordre.

LE CONSEIL PAS CHER DES AUTEURS
Offrez-lui un os !

LES JEUX DE SOCIÉTÉ

Quand il ne fait pas beau, c'est-à-dire quand il pleut, les parents enfermés avec un enfant décident immanquablement à un moment ou à un autre de la journée de faire un jeu de société en famille. Il existe trois grands types de jeux familiaux :

1° Les jeux de cartes : Malheureusement, c'est bien connu, les seuls jeux intéressants sont ceux où l'on gagne de l'argent. Or les enfants sont notoirement fauchés. De plus, ils sont mauvais joueurs et tout à fait capables d'aller se plaindre à l'assistante sociale si vous leur piquez leur argent de poche au stud-poker.

Les autres jeux, du type bataille, sept familles ou valet de pique deviennent intolérables de niaiserie dès la deuxième donne. Laissez tomber les jeux de cartes.

2° Les jeux de plateau type Monopoly : Interminables et énervants, ils font monter la tension au sein du cercle de famille déjà éprouvé par le mauvais temps. Si papa tombe sur la rue de la Paix où maman a trois hôtels, les voisins devront encore appeler la police ce soir. Laissez tomber les jeux de plateau.

3° Les jeux de lettres type Scrabble : Peu prisés des enfants dont le vocabulaire est limité et l'orthographe approximative, ils permettent aux parents de tricher en toute impunité en inventant des mots nouveaux. C'est amusant, mais ça n'a qu'un temps. Tôt ou tard, les enfants boudent ou, pire, forment le mot « C-O-N-N-A-R-D » en sept lettres, Scrabble sur une case bleue qui compte triple, et les parents se fâchent. « Où as-tu appris un mot pareil, Georges-Henri ! » s'exclame le père. « C'est de ta faute, connard, avec ta manie de dire des gros mots en voiture ! » répond la mère. Et les voisins rappellent la police ! Laissez tomber les jeux de lettres.

4° Les jeux vidéo d'arcade : C'est en général le père qui, voulant faire jeune, propose d'affronter son fils sur la console Segendo. Le fils, sûr de lui, laisse le vieux commencer. La partie dure trois minutes et le score est de 170. « Pas mal », dit le fils. Puis il prend les manettes de commande, joue non-stop pendant trois quarts d'heure et réalise un score de 157 950, score qui le met en rage et qu'il trouve minable. Le père sourit sportivement mais est agacé. Laissez tomber les jeux vidéo.

Mais alors, que reste-t-il ?

Rassurez-vous : plein de choses.

PLEIN DE CHOSES

• **Les coloriages :** Au départ, de ravissants albums présentant en page de gauche un dessin en couleurs de bateau sur l'eau et, en page de droite, le même sans les couleurs. À l'arrivée : un gribouillage. C'est atterrant. En plus, l'enfant est fier de ce gribouillage. Il faut alors lui mentir et lui dire que c'est très bien (magie de l'enfance).

Il existe des coloriages perfectionnés destinés aux grands : le bateau sur l'eau est remplacé par une œuvre de Van Gogh et le dessin porte des centaines de petits numéros représentant chacune des teintes à utiliser pour reproduire la toile du maître. Le type qui a inventé ça avait le sens de l'humour.

L'enfant sait-il colorier ?

Comparons ces deux dessins

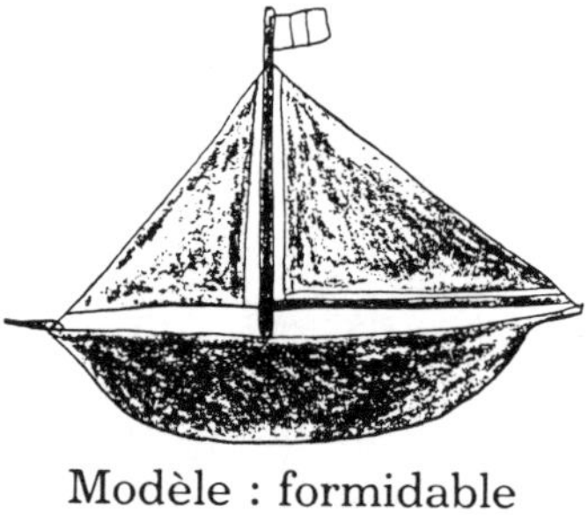

Modèle : formidable

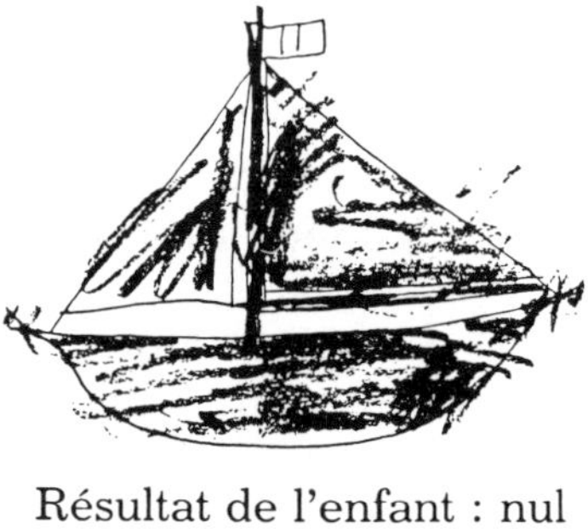

Résultat de l'enfant : nul

• **Les moulages de plâtre :** Outre le fait qu'ils n'intéressent l'enfant que la première et unique fois où il y joue, ces moulages sont toujours décevants, parsemés de trous disgracieux provoqués par de sournoises bulles d'air et barbouillés de peinture à l'eau qui bave partout. L'opération du moulage et la manipulation du sac de plâtre présentent en outre des risques insensés qu'il serait absurde de faire courir à votre moquette. Le pire serait que l'enfant y prenne goût : votre appartement, amis parents, serait alors constellé de statuettes de Donald décapités [1], et ce serait effroyable.

• **La lecture :** La lecture est un moment merveilleux. L'enfant, sagement assis près de la lampe, découvre la magie du livre, rit, pleure, vibre aux belles histoires qui lui sont racontées, ses petits yeux pétillent devant ces belles images, son esprit s'enrichit de l'édifiant exemple donné par ses héros favoris. Le problème est que l'enfant ne lit pas. Il consent tout juste à regarder les images pendant que *vous* lisez encore et toujours la même histoire.

Sagement assis près de la lampe, l'enfant est en fait en train de regarder la télévision pendant que vous vous acharnez sur les aventures de *Radicelle et Pelochon.*

• **La télévision :** L'enfant, abruti de nature diraient les mauvaises langues, aime s'abrutir un peu plus devant la télé. Du point de vue pédagogique dont, osons le dire, nous n'avons rien à moudre, les programmes de télévision sont déconseillés. On y voit constamment des papas et des mamans faire toutes sortes de choses incroyables (duels au pistolet, attaques de château fort, embrassades goulues, spectacles de variétés) qui peuvent rapidement laisser croire à l'enfant que les adultes ne sont qu'une fichue vieille bande de pitres.

Mais, du point de vue de la tranquillité parentale — et c'est le plus important — la télé est tout à fait épatante. On la branche, et hop ! l'enfant s'endort.

1. Au démoulage, la tête saute toujours.

Tel est donc l'enfant qui joue. Fatigant est le mot qui vient à l'esprit quand on y pense. Après avoir bien joué, l'enfant lui-même titube de sommeil. Les parents, éprouvés, croient voir le bout du tunnel. Ils ont tort. Car il y a pire : il faut maintenant mettre l'enfant au lit.

Pathologie et risques liés au jeu

Symptômes	Causes
Étouffement	Ingestion de balle de ping-pong.
Hurlements et pleurs	Chute de patins à roulettes ; flèche dans l'œil ; destruction de jouet ; coloriage raté ; griffure de fille ; perte de petite voiture ; chute de corde à sauter ; jeu avec un autre enfant.

SOMMEIL
NUIT,
CRISES
DE NERFS

On a beaucoup parlé du coucher de Louis XIV et fort peu de celui de l'enfant ; c'est un tort. Parce que là aussi le cérémonial est grandiose. Et puis, soyons honnêtes, pour la plupart des parents, le coucher de leur enfant est quand même plus important que celui de Louis XIV, dont on n'a franchement rien à secouer. D'autant que le coucher de l'enfant, ce n'est pas à Versailles, c'est chez vous, tous les soirs, en direct ! Eh oui ! Et ce n'est pas de la tarte, amis ! Vous savez bien : l'enfant déteste se coucher.

L'ENFANT N'EST JAMAIS FATIGUÉ !

Et c'est pour cela que nous l'aimons tant. Même titubant de sommeil, il n'avouera pas. Même bourré de Nopron ! Même s'il a compo de maths le lendemain ! L'enfant s'imagine qu'on peut vivre debout sans arrêt. Formidable inconscience de la jeunesse ! Mourir debout, passe encore, mais vivre, hein ? Sans arrêt ! Ah, bon Dieu, ce serait crevant !

UNE OBSÉDANTE QUESTION D'HORAIRE

Chaque soir, partout sur la planète, des milliards de parents poussent un cri d'alarme interrogatif et désespéré : à quelle heure faut-il coucher notre enfant ? « Le plus tôt sera le mieux », répondons-nous d'une voix sèche. Parce que de toute façon, quelle que soit l'heure, vous aurez droit au même cinéma. L'enfant va se mettre à geindre, à pleurnicher, il va s'agripper comme un poulpe en rut à la télévision, se souvenir brusquement qu'il a des devoirs à faire, qu'il a encore faim, qu'il doit ranger sa chambre. Oui, vous avez bien lu : pour éviter d'aller au lit, l'enfant irait jusqu'à ranger sa chambre !

« Cinq minutes ! Encore cinq minutes ! » va-t-il supplier de sa voix grêle et cauchemardesque. Accordez-les-lui, c'est un conseil, et profitez-en pour préparer le terrain, c'est-à-dire pour tenter de dégager un accès au lit à travers les empilements de jouets, les vêtements épars et les chaises renversées. Seulement, n'ayez aucune illusion : ces cinq minutes ne seront jamais les cinq dernières si chères à la maison Bourreman. Dès qu'elles seront écoulées, l'enfant réclamera un nouveau délai de grâce. Absolument insensé. Parce qu'enfin, bon sang, c'est tellement agréable de se coucher ! Surtout quand une mignonne poulette vous attend en se trémoussant nue sous les draps, hein pas vrai ? Ha, ha ! Mais il est vrai que dans le cas de l'enfant, il n'y a pas de mignonne poulette ; tout au plus un vieil ours en peluche bourré d'acariens. Forcément, c'est moins bien.

POUR UN JUSTE PARTAGE DES RÔLES

À la question classique « Qui doit coucher l'enfant ? », tous les pères du monde, et Dieu sait s'il y en a, et des costauds, répondent invariablement en désignant d'un doigt viril leur épouse, ou leur compagne s'ils ne sont pas mariés, ou leur petit ami s'ils habitent San Francisco, bref, en désignant d'un doigt viril ce qui tient lieu de gonzesse dans la baraque. « Coucher l'enfant, disent-ils, nécessite beaucoup de douceur et de patience ; c'est affaire de femme. » Certes.

Mais quand on pose la même question aux mamans, elles ripostent, peut-être avec une pointe de mauvaise foi typiquement féminine, que la besogne doit revenir aux pères. « Il faut faire preuve d'autorité pour coucher un enfant, expliquent-elles, et nous en sommes bien dépourvues, nous qui sommes si douces et patientes. » Admettons.

Bien qu'étant des hommes, et des vrais — plus d'une mignonne poulette qui se trémoussait nue sous les draps en a fait l'abrupte expérience —, nous nous garderons d'intervenir dans le débat. Évidemment, nous avons notre opinion, mais nous préférons la taire pour ne pas indisposer nos femmes. Et nous dirons ici (sans y croire) que les deux thèses en présence sont également valables. Est-ce au père de coucher l'enfant, est-ce à la mère ? Nous n'en savons rien (en fait, nous le savons très bien), mais ce qui est sûr, c'est que quelqu'un devra bien finir par se dévouer, parce que l'enfant n'ira certainement pas se coucher tout seul.

En outre, attention à l'ambiance ! En cas de dispute, madame, abstenez-vous d'émettre des glapissements de terreur suraigus ; de votre côté, monsieur, ne saisissez pas madame à la gorge en hurlant que vous allez la « crever ». N'oubliez jamais que pour l'enfant, un climat familial détendu est la meilleure garantie d'une nuit sans intervention de la police.

LE CÉRÉMONIAL TRADITIONNEL (PREMIÈRE PARTIE)

Entre le moment où il accepte d'aller au lit et celui où il vous fichera effectivement la paix, l'enfant[1] va jouer la montre. C'est dire qu'un certain laps de temps va s'écouler. Peut-être dix minutes. Peut-être trente. Peut-être plus, si vous êtes nul !

D'abord, il va exiger que vous lui racontiez une histoire. C'est inévitable. Aucun enfant au monde ne peut s'endormir sans qu'on lui raconte une histoire. Alors racontez-la-lui, et qu'on en finisse. Vous n'en connaissez pas ? Ah, ce que vous êtes ballot ! Des histoires, il y en a plein les livres, et si c'est trop cher, amis rapiats, vous pouvez en inventer vous-mêmes ! Mais si ! L'enfant n'est pas exigeant. La cohérence des situations, la progression dramatique du récit, la profondeur psychologique des personnages, il s'en fout ! Complètement ! Vous pouvez lui raconter n'importe quoi ! Tenez, voici quelques éléments classiques et éprouvés que vous pourrez toujours recaser dans vos histoires :

- **Un loup** (ou un ogre).
- **Un crapaud.** En fait, c'est un prince qu'une méchante sorcière a transformé en crapaud.
- **Une vieille femme en noir toute tordue.** Elle mendie continuellement un quignon de pain et si vous lui en donnez un, elle se transforme aussi sec en une bonne fée blonde et super bien roulée et vous pouvez faire trois vœux. C'est génial.
- **Une sombre et profonde forêt.** Impossible d'y mettre les pieds sans se retrouver perdu pire que dans le métro de New York.

1. Nous ne voulons considérer ici que l'enfant déjà en pyjama. Coucher un enfant qui n'est pas encore en pyjama est une tâche surhumaine. Nous préférons ne pas en parler.

- **Un enfant malin.** Ses parents sont très pauvres (le père ne touche même pas le R.M.I.) et comme ils ne peuvent plus le nourrir, ils veulent se débarrasser de lui. Normal.
- **Un vieux roi assez pénible.** Il promet systématiquement sa fille en mariage à celui qui tuera le dragon qui se balade dans le pays.

À vous de jouer, maintenant, amis parents, à vous de combiner ces divers éléments au gré de votre fantaisie et de créer ainsi, en y ajoutant peut-être des ingrédients de votre cru, de merveilleuses histoires propres à ravir le cœur des enfants. Trois petits exemples, pour vous aider :

Exemple 1

L'enfant est emmené dans la forêt par ses parents qui veulent l'y perdre, mais ils s'y perdent eux-mêmes, les crétins ! C'est la panique, tout le monde gueule, d'autant que la nuit tombe et qu'on voit rôder une forme inquiétante derrière les arbres ; c'est peut-être un loup (ou un ogre). Mais à ce moment-là survient la vieille femme en noir toute tordue. Vite, on lui donne un quignon de pain, elle se transforme en fée super bien roulée et il faut faire trois vœux. Le père demande soixante milliards de dollars, un château genre Chambord, et enfin que son enfant soit collé en pension. Dès lors, les parents vivent heureux, bourrés de fric, sans personne pour les emmerder.

Exemple 2

Les parents ont encore emmené l'enfant dans la forêt pour qu'il se perde, mais l'enfant, pas con, a attrapé un crapaud, et il jette des morceaux de crapaud derrière lui pour retrouver son chemin. Le crapaud morfle un maximum, mais voilà que survient la vieille femme en noir toute tordue. Le crapaud agonisant échappe à l'enfant, ramasse un quignon de pain et court le fourrer dans la bouche de la vieille, qui se transforme en fée super bien roulée. Il faut faire trois vœux, mais le crapaud ne peut plus parler, l'enfant lui a arraché les cordes vocales! La fée est furax. Elle transforme l'enfant en loup (ou en ogre) et le crapaud, elle l'écrase entre deux grosses pierres. Il y a du sang partout, c'est dégueulasse.

Exemple 3

En jouant, sans le faire exprès, l'enfant a tué le dragon qui se baladait dans le pays, et maintenant le roi veut lui faire épouser sa fille, mais l'enfant ne veut pas se marier. Il est trop jeune. Et en plus, la fille du roi est franchement tarte. L'enfant court se perdre dans la forêt, et voilà que survient la vieille femme en noir toute tordue. L'enfant s'empare d'un quignon de pain, le lui donne, mais la vieille tordue reste vieille et tordue; c'est pas la bonne fée, c'est la méchante sorcière qui avait déjà transformé le prince en crapaud! Avec un ricanement sordide, elle transforme l'enfant en poulet basquaise, et le loup rapplique (ou l'ogre) et n'en fait qu'une bouchée. Et le calme retombe sur la forêt impavide.

LE CÉRÉMONIAL TRADITIONNEL (SUITE ET FIN)

Lorsque vous aurez terminé votre histoire, l'enfant en réclamera une autre, mais cette fois, dites non. Vous n'êtes plus tenu de céder. En revanche, quand il vous demandera à boire, vous devrez aller lui chercher un verre d'eau, car c'est le déroulement régulier du rituel du coucher. Les choses ensuite doivent se passer de la façon suivante : l'enfant refuse l'eau, il veut du lait chaud. Vous retournez à la cuisine faire chauffer du lait. L'enfant trouve que le lait est trop chaud. Vous retournez à la cuisine faire refroidir le lait sous le robinet. À votre retour dans la chambre, l'enfant n'est plus dans son lit ! Il se lave les dents dans la salle de bains. Oui, vous avez bien lu : pour retarder le moment de se coucher, l'enfant est même capable de se laver les dents !

Et c'est à présent le moment tant attendu du gros câlin. L'enfant, couché dans son lit, vous étreint comme s'il partait pour un voyage au Bangladesh. Puis il se relève. Il veut aussi embrasser papa. Ou maman, si c'est vous qui êtes de corvée, monsieur (vous vous êtes laissé piéger, hein ? Ha, ha, sacré couillon !). L'enfant veut aussi embrasser sa grande sœur, son papy, l'oncle Buck, le voisin du dessus. Dans ces moments-là, il embrasserait la terre entière ! Il se couche, il se relève, il se couche, il se relève, il va faire pipi dix fois, c'est infernal, et le film sur la Cinq a déjà commencé !

LA PRÉCISION DE FRANÇOISE DOLTO

L'enfant est inquiet du destin de son caca.

LE CRI D'INDIGNATION DES AUTEURS

C'est pas ça qui l'empêche de dormir, quand même !

Arrive alors sans transition l'ultime étape de la cérémonie : la gifle. La bonne vieille baffe qui claque haut et sec parce que nom de Dieu ça commence à bien faire et si tu continues je te préviens tu en auras une autre et c'est pas la peine de pleurer, et maintenant je ne veux plus t'entendre, c'est compris ? VLAAAM !

LA LOURDE INSISTANCE DE FRANÇOISE DOLTO

Il a peur de partir avec son caca.

L'EXASPÉRATION DES AUTEURS
Ça suffit comme ça, Simone ! On a compris !

DANS LA TERREUR DE LA NUIT

Avoir mis l'enfant au lit, c'est bien, bravo, mais il va falloir l'y maintenir. Et là, vieux, ce ne sera pas facile. Car l'enfant couché est rapidement assailli d'appréhensions diffuses, de craintes mystérieuses. Il fait trop sombre dans sa chambre, il appelle à l'aide, il veut qu'on laisse sa porte ouverte, qu'on lui tienne la main, qu'on lui joue du jazz, mais quoi qu'on fasse, il reste tendu. Mal à l'aise. Comme aux aguets. En fait, l'enfant a peur la nuit. L'ENFANT EST UN TROUILLARD !

Et ce n'est pas rassurant pour son entourage. Sachez-le : l'enfant n'est pas du tout le genre de type dont la présence réconforte. Il flanquerait même plutôt la trouille à un régiment ! Parce que demandez-lui un peu de quoi il a peur, et vous allez voir l'angoisse ! C'est horrible !

Quoi qu'il en soit, restez calmes, amis parents.
CE QUE RACONTE L'ENFANT NE PEUT PAS SE PRODUIRE !

Aucun assassin n'aurait la cruauté de vous découper TOUS à la scie électrique. Quant aux morts-vivants, ça n'existe pas. Et même si ça existait, hein, pourquoi est-ce qu'ils choisiraient justement de s'engouffrer chez vous ?

Tout de même, assurez-vous que les portes et les volets sont bien fermés.

LE Dr BRAZELTON RAMÈNE SA PHRASE

L'un des objets d'exposition les plus populaires de notre Children's Museum de Boston est une immense cuvette de toilette : les enfants peuvent grimper dedans et ressortir par l'autre bout pour voir où leurs urines et leurs selles sont véritablement allées.

LE COUP DE SANG DES AUTEURS
Ah, bon Dieu, c'est pas vrai, y va pas s'y mettre aussi, le Ricain ! Arrêtez avec vos cochonneries, bordel !

AUTRES INCIDENTS NOCTURNES

L'enfant a d'innombrables façons de vous réveiller en sursaut, mais nous ne verrons ici que les plus fréquentes.

1. Cris dans les ténèbres. L'enfant cauchemarde. Courez le tranquilliser, vous constaterez qu'il n'est même pas réveillé ! Vous, vous l'êtes.

2. Pleurnicheries derrière votre porte. L'enfant a fait pipi dans son lit. Il faut changer ses draps.

3. Coups de pied dans les côtes. L'enfant se glisse maladroitement dans votre lit. Il faut changer de position.

4. Sensation d'humidité. L'enfant a fait pipi dans VOTRE lit. Changez de position, changez les draps, et si possible, changez d'enfant.

5. Coups de feu dans la pampa. Vous êtes en plein rêve, vieux ! Ou alors l'enfant vient d'allumer la télé. Changez de chaîne.

En définitive, amis parents, vous aurez compris qu'il n'existe que trois types d'enfants : ceux qui dorment mal, ceux qui dorment peu, et ceux qui ne dorment pas. Comment voudriez-vous qu'ils aiment se coucher dans ces conditions ? Mais que le vôtre dorme peu, mal ou pas du tout, surtout, ne perdez pas courage ! Après la nuit, c'est connu, vient le matin peuplé de chants d'oiseaux. Encore un effort, l'aube se lève, le réveil va sonner, vous allez tituber hors du lit, vous laver, vous raser, vous habiller et partir au boulot. Enfin, la paix !

Pathologie et risques liés au sommeil

Symptômes	Causes
Bruit de chasse d'eau, pleurs	L'enfant est inquiet du destin de son caca.
Choc sourd, pleurs	L'enfant est tombé de son lit.
Fracas, cris	Le lit est tombé sur l'enfant.
Hurlements au cœur de la nuit	Des morts-vivants se sont introduits dans la chambre de l'enfant.
Fracas, plaintes sourdes	Le lit est tombé sur les morts-vivants.
L'enfant ne se réveille pas ...	Excès de Nopron.

Les Cahiers de l'IREP

Institut de Recherches sur l'Endurance Parentale

27, rue du Colonel Boudarel - Niort

CROIRE-OSER-PERSEVERER

Insititut fondé en 1897

Gaston Soupard   Cedric Rondel

Expérience n° 1234. Oslo, 4 mars 1972.
Archivée 1234/ZU 97/folio 1034.

Sujet : M. Olaf Gusterson, 56 ans, chômeur en fin de droits, père de huit enfants.
Objet : Le sujet s'est engagé à rester suspendu la tête en bas, attaché par les pieds à la branche principale de l'arbre de la cour de l'école, pendant toute la durée d'une récréation. Le sujet a les mains liées dans le dos et il est tout nu.
Coût : Un repas gratuit aux restaurants du Kør.

DÉROULEMENT DE L'EXPÉRIENCE

10 h 00 — Début de la récréation. Les enfants envahissent la cour et découvrent le sujet. Méfiance et attentisme.

10 h 02 — Un enfant est venu pousser la tête du sujet, qui oscille en poussant des grognements. Les enfants rient. Attroupement. Nous perdons de vue le sujet, qui semble néanmoins osciller de plus en plus nettement.

10 h 05 — Le sujet crie pour faire éloigner les enfants. Ceux-ci reculent et disposent un ballon de football à quelques mètres de lui. Il semblerait qu'ils se préparent à tirer des penalties dans la tête du sujet.

10 h 07 — Le sujet a été touché. Hurlements de joie dans la cour. Coups de sifflet stridents des surveillants, qui viennent voir ce qui se passe. Cris du sujet qui saigne du nez. Les chercheurs de l'I.R.E.P. se munissent de boules Quiès.

10 h 08 — Les surveillants tentent de libérer le sujet. Un bras a déjà été dégagé, et le sujet le pointe dans notre direction en hurlant. Les chercheurs de l'I.R.E.P. retirent précipitamment leurs blouses blanches et battent en retraite.

10 h 15 — Regroupement dans la camionnette banalisée de l'I.R.E.P. Gaston Mangereau manque à l'appel. Nous sommes inquiets. C'est un jeune, il vient de rejoindre l'Institut. Saura-t-il garder le silence ?

ANALYSE

Une expérience décevante, résultant d'une mauvaise sélection du sujet. Tout est à refaire.

L'ENFANT EN CONGÉ : UNE MENACE

Contrairement aux pharmacies de garde, les écoles ne sont pas ouvertes vingt-quatre heures sur vingt-quatre. On se demande ce que fait le gouvernement. On ne trouve même pas une école de garde par département, c'est vraiment mal fichu. En outre, et c'est plus grave, les écoles ne sont pas ouvertes sept jours sur sept ! On croit rêver ! Les instituteurs, qui, selon certaines sources, seraient des fainéants[1], éprouvent quand même le besoin de se reposer deux jours par semaine, comme de vrais travailleurs ! Et ces deux jours, quand croyez-vous qu'ils les prennent, hein ? Le samedi et le dimanche ! En plein week-end ! Total : on a les mômes sur les bras ! Ah, bravo ! Ça, c'est de l'organisation !

Car, osons le dire, l'enfant en congé n'a rien à voir avec l'écolier abruti par huit heures de classe, une heure de cantine et deux heures de récréation. L'enfant en congé recharge ses batteries et devient aussitôt formidablement redoutable. ENCORE PLUS QUE D'HABITUDE !

Comment voulez-vous qu'on se repose, dans de telles conditions ?

1. Il va sans dire que nous réfutons cette thèse. Pour nous, les instituteurs(trices) sont des gens épatants. Et c'est pour ça que nous les aimons tant.

En outre, et il serait temps que les pouvoirs publics se décident à réagir, l'enfant est tout le temps en congé. Le mercredi. Le week-end. À la Toussaint. À Noël. À Pâques. En été. Pendant les grèves. C'est au point que l'on peut se demander si l'école existe.

Comment faire pour se reposer malgré tout alors que l'enfant est en vacances, telle est la question insoluble que nous n'avons pas hésité à nous poser. D'autres que nous auraient hésité. Nous en connaissons qui auraient biaisé. Il y en a qui ne pensent qu'à la biaise. Eh bien, pas nous ! Nous sommes là, nom de Dieu ! Sur le pont, quoi qu'il arrive ! Et dites-vous bien une fois pour toutes que pour nous, il n'y a qu'une seule chose qui soit insoluble : c'est la petite cuillère qui tourne notre Nescafé !

Bien.

Procédons par ordre. On s'énerve, on s'énerve, et après on est brouillon. Il y a trois sorte de congés : le petit, le moyen, et le grand. On peut également les nommer le mercredi, le week-end et les vacances.

LE MERCREDI : UN MOINDRE MAL

Somme toute, il n'y a aucune raison de craindre le mercredi, sauf si vous êtes une femme au foyer, madame, ou si vous êtes chômeur, monsieur. Dans les deux cas, vous vous les roulez à longueur de semaine, et il ne serait pas de très bon goût de venir se plaindre du mercredi. Nous, le mercredi, on bosse, merde ! Alors faites un effort, quoi, bon sang !

Si vous ne voulez pas faire d'effort, si vous êtes du genre damnée tête de mule, sachez tout de même qu'il existe de nombreux moyens légaux d'occuper un enfant le mercredi pour pouvoir continuer à se les rouler en paix.

• **Les grands-parents :** Les grands-parents sont souvent à la retraite, c'est dire qu'ils ont du temps libre à ne plus savoir qu'en faire. Proposez-leur habilement de leur rendre votre visite hebdomadaire le mercredi plutôt que le dimanche midi. S'ils acceptent, vous ferez d'une pierre deux coups : non seulement l'enfant est casé le mercredi, mais en plus rien ne vous empêche de le leur refiler le dimanche ! C'est génial ! Hélas, certains grands-parents subtils ont pris leur retraite en province, loin de vous et de vos horribles enfants. C'est bien joué. Soyons sport, trouvons autre chose.

• **L'atelier poterie :** Il y a certainement près de chez vous un baba nostalgique proposant toutes sortes d'activités manuelles épatantes : si ce n'est pas de la poterie, ce sera de la peinture sur soie, de la torsion de rafia, des cours de théâtre ou de l'expression corporelle. S'il n'y a pas de baba, ce sera une vieille fille pincée qui donnera des cours de harpe, ou de piano, ou de dessin. Ou même un ancien cadre d'I.B.M. viré pour alcoolisme qui organise des stages d'informatique. Peu importe ! L'enfant n'apprendra rien, pas plus qu'à l'école en tout cas, mais vous serez peinards pour quelques heures. Et n'oubliez pas que le cumul des stages est possible !

• **L'équipe de foot :** Variante sportive de l'atelier baba, l'équipe de foot présente l'avantage de fatiguer

l'enfant, qui rentrera épuisé à la maison. Si l'enfant se révèle doué, il pourra même participer à des championnats minimes, cadets, juniors, puis division d'honneur, troisième, seconde, première division, équipe de France, championnat du monde, et pendant tout ce temps vous pourrez rester tranquillement assis devant votre télé à beugler « Allez fiston ! » pendant qu'il se démène sur le terrain. C'est merveilleux !

Si votre enfant n'a aucune disposition pour le foot, ne perdez pas espoir, il existe toutes sortes de sports : bobsleigh, curling, water-polo... Plein ! Il faudrait vraiment que vos enfants soient aussi flemmards que vous pour qu'ils ne deviennent pas champions de quelque chose, quand même !

• **Les scouts :** Affublés d'un short et d'un béret, les scouts se réunissent chaque mercredi et même parfois le week-end pour marcher joyeusement dans la forêt, pour faire des nœuds compliqués et pour se donner des noms d'animaux imagés, du genre « Écureuil habile » ou « Blatte furtive ». Ce n'est pas grave. L'un des auteurs de ce guide — qui préfère tout de même garder l'anonymat — a lui-même été scout. Il ne lui en est resté aucune séquelle. Youkaïdi.

• **Les Jeunesses communistes :** Sortes de scouts chez qui le béret est remplacé par une casquette de prolo, les Jeunesses communistes ont un idéal sensationnel : devenir les maîtres du monde. Avouez que c'est tentant ! L'autre auteur de ce livre a appartenu aux Jeunesses communistes. S'il tient lui aussi à conserver l'anonymat, c'est qu'il a misérablement échoué. Il n'est pas devenu le maître du monde. Ça se saurait. On comprend sa honte.

Autant d'activités qui devraient, amis parents, vous permettre de limiter au minimum les risques du mercredi. C'était facile. Mais on passe maintenant à la vitesse supérieure.

LE WEEK-END : UNE ÉPREUVE HARASSANTE

À la base, le jeu est faussé : les parents souhaitent profiter du week-end pour se reposer, les enfants pour se défouler. L'un et l'autre, on le voit tout de suite, sont incompatibles.

Deux attitudes sont possibles : l'organisation à outrance ou le laxisme bordélique. Comparons leurs avantages :

Week-end organisé

Samedi matin, 7 h : Réveil des enfants. Un plateau petit déjeuner a été préparé la veille au soir et déposé dans la chambre des enfants, qui mangent calmement leurs tartines en regardant des dessins animés pré-enregistrés à leur intention sur magnétoscope.

Week-end bordélique

Samedi matin, 7 h : Réveil des enfants. Ruée vers la chambre des parents. Sauts sur le lit, geignardises. L'un des parents se lève en râlant pour préparer le repas des fauves, l'autre est sommé d'aller allumer la télé et de chercher un dessin animé. Divergence de vues des

Week-end organisé	Week-end bordélique
	enfants sur le programme à retenir. Cris. Le premier parent — celui qui était allé préparer le petit déj' — surgit dans le salon en demandant ce que c'est que ce bordel. L'autre lui répond sèchement. Les deux parents, d'une même voix, font valoir aux enfants que s'ils ne se calment pas tout de suite, ce sera pas de télé du tout. Les enfants promettent de rester sages. Ils mentent.
Samedi, 8 h : Réveil des parents. La cafetière à programmateur répand dans l'appartement une bonne odeur de café noir. Les enfants — ces chers petits — ont fait une surprise à papa-maman : le petit déjeuner est prêt. Ils sont charmants. Après avoir déposé le plateau sur le lit des parents, ils retournent sagement dans le salon voir la fin des dessins animés.	Samedi, 8 h : Les parents se sont recouchés pour prendre le petit déjeuner au lit. Manque de bol, l'émission choisie par les enfants une heure plus tôt vient de s'achever. De nouveaux cris proviennent du salon. Chacun des deux parents pique lâchement du nez dans son bol de café en faisant celui qui n'entend pas, espérant que l'autre va se lever pour intervenir. Peine perdue. Samantha, la petite dernière, surgit dans la chambre, le visage ruisselant de larmes, expliquant entre deux hoquets que Gérard, son

Week-end organisé	Week-end bordélique
	frère aîné, ne fait rien qu'à l'embêter. Dans le même élan, elle bondit sur le lit. Le café encore brûlant est renversé. Tache sur les draps. Brûlure au premier degré de la jambe de papa. Énervement général.
Samedi, 10 h : Tandis que maman prend un bain et que papa classe sa collection de timbres, Élodie, la petite dernière, enfile ses bottes, coiffe sa bombe et part faire du cheval. Ce week-end, c'est le papa de Christelle qui est chargé de les emmener au manège. Damien, lui, est assez grand pour aller tout seul jusqu'au stade, pour la séance d'entraînement du F.C. Neuilly, où il occupe le poste d'ailier droit.	Samedi, 10 h : Papa revient de l'hôpital. Ayant constaté qu'il faisait beau, il propose une balade. Maman n'est pas prête. Pendant qu'elle prend un bain, elle suggère à son mari d'éplucher les pommes de terre avec les enfants, pour le repas de midi. Samantha accepte, Gérard refuse et s'enferme dans sa chambre.
Samedi, 12 h : Après avoir ramassé Élodie au manège et assisté à la fin de la reprise, papa et maman arrivent à temps au stade pour voir jouer les dernières minutes d'un match d'entraînement du F.C. Neuilly. Damien marque un but.	Samedi, 12 h : Papa et Samantha rentrent de l'hôpital. L'entaille qu'elle s'est faite dans la main avec le couteau à éplucher a nécessité deux points de suture. Le serrurier est finalement venu à bout de la porte fermée par Gérard. Ce dernier a

Week-end organisé	**Week-end bordélique**
Papa est très fier, et annonce qu'on va acheter des gâteaux pour fêter ça.	pris une gifle et sera privé de dessert.
Samedi, 14 h : Après avoir débarrassé, Élodie est allée faire une sieste et Damien ses devoirs. Papa et maman prennent le café tranquillement.	Samedi, 14 h : Papa demande pour la troisième fois quand c'est qu'on bouffe. Maman signale qu'elle n'a que deux mains et que si on l'aidait un peu, dans cette maison, le déjeuner serait peut-être prêt plus vite. Elle indique en outre que s'il y en a qui ne sont pas jouasses, ils peuvent toujours aller au restaurant. Samantha dit : « Oh oui, papa, on va au restaurant ! » Maman dit : « C'est bien la peine que je me donne tant de mal si personne n'aime ma cuisine. » Papa demande s'il ne serait pas possible d'obtenir cinq minutes de calme dans cette maison.
Samedi, 16 h : Maman accompagne Élodie chez Amandine, qui donne un goûter d'anniversaire. Papa regarde le sport à la télé en fumant un cigare. Damien fait sa maquette (le *Clemenceau* au 1/75e).	Samedi, 16 h : Tous les restaurants ayant fini leur service, la famille s'est réconciliée autour d'un McDo. Papa, euphorique, suggère d'aller faire des courses tous ensemble. Gérard indique qu'il a rendez-vous avec ses copains dans le terrain

Week-end organisé	Week-end bordélique
	vague. Papa lui conseille de la mettre en veilleuse, rapport à l'incident de la porte, qu'il n'a pas oublié.
Samedi, 19 h : Pendant que papa et maman finissent leur bridge avec les Mouton-Cadet, la baby-sitter donne un bain à Élodie. Damien vient montrer le kiosque du *Clemenceau* qu'il vient d'achever. Papa lui ébouriffe les cheveux, dit qu'il est très fier de lui et qu'il y aura des gâteaux pour le dessert. Maman dit : « Encore ? » Tout le monde rit de bon cœur.	Samedi, 19 h : Coincés sur le périf' à la porte de Bagnolet, papa, maman, Samantha et Gérard font valoir simultanément leur point de vue. Papa : « Qu'est-ce qu'ils ont, tous ces cons, à prendre leur voiture en même temps ? » Maman : « Je t'avais bien dit de passer par les quais ! » Samantha : « J'ai mal au cœur ! » Gérard : « C'est vraiment nullard chtarbé de prendre la gnolba un samedi ! Avec ça on va rater le Top 50 ! » Papa indique au reste de la famille que ceux qui ne sont pas jouasses peuvent rentrer à pied.
Dimanche, 10 h : Papa et Damien vont faire un jogging, maman et Élodie vont à la messe.	Dimanche, 10 h : Papa remplit les papiers du constat, rapport à l'accident, hier soir, sur le périf'. Maman a dû prendre un taxi pour accompagner Samantha aux urgences : crise d'appen-

Week-end organisé	Week-end bordélique
	dicite. Gérard s'est encore enfermé dans sa chambre et écoute du rap.
Dimanche, 12 h : Papa a taché son jogging blanc en tombant dans une flaque de boue. Damien a ri, il a pris une claque. Élodie n'a pas été sage à la messe, elle est privée de dessert. Pas de chance, il y avait des gâteaux.	Dimanche, 12 h : Papa a eu des mots avec un voisin qui se plaignait du bruit (le rap). Papa a mentionné l'habitude fâcheuse de ce même voisin de jeter bruyamment des bouteilles dans le vide-ordures. Papa a un bleu à l'œil. Les Boudet-Crolle, que personne n'avait songé à décommander, arrivent pour le déjeuner.
Dimanche, 16 h : Élodie a fait tomber son étal de marchande sur le *Clemenceau* (au 1/75e). Le kiosque est détruit. Damien a riposté en lui envoyant à la tête un bouquin relié qui traînait par là. C'était la collection de timbres de papa. Il y en a partout. Maman essaie de minimiser l'incident en indiquant à son mari qu'il lui suffira de les reclasser. Papa lui suggère d'aller se faire foutre. Maman boude.	Dimanche, 16 h : Papa et Gérard (à la maison), maman et Élodie (à l'hôpital) regardent le Tour de France à la télé.
Lundi, 8 h 30 : Papa dépose les enfants à l'école et va travailler.	Lundi, 8 h 30 : Papa dépose Gérard à l'école et va travailler.

Lundi, 9 h 05 : Le papa de Damien (M. Dubreuil, directeur financier de la SONOMA) et le papa de Gérard (M. Raoul, responsable emballages) se percutent dans l'ascenseur. M. Dubreuil indique à M. Raoul qu'il pourrait faire attention. M. Raoul réplique que c'est lui qui ne regarde pas où il va, quoi, merde. M. Dubreuil demande si c'est comme ça. M. Raoul confirme : « Oui, c'est comme ça. »

Lundi, 9 h 30 : Le papa de Gérard (M. Raoul) est viré.

Lundi, 10 h : Cet incident a mis le papa de Damien (M. Dubreuil) dans un état de nerfs effroyable pour le conseil d'administration. Il est mis en minorité.

Eh oui. Qu'ils soient organisés ou bordéliques, les week-ends avec des enfants finissent toujours mal. C'est ainsi. Croyez bien que nous sommes les premiers à le regretter. Mais il y a pire. Un week-end, après tout, ce n'est pas long, et on a toute la semaine pour s'en remettre. Les vacances, c'est une autre paire de manches...

***MONSIEUR SPOCK* À ENTREPRISE**

Activez le téléporteur, les indigènes de la planète Gamoz me semblent hostiles.

LA RÉPONSE DU CAPITAINE KIRK
Restez à votre poste, monsieur Spock.

LES VACANCES : UN WEEK-END QUI N'EN FINIT PAS

Il y a toutes sortes de vacances : les vacances de Noël, qui ont lieu à Noël, les vacances de Pâques, qui ont lieu à Pâques, et les grandes vacances, qui ont lieu à la Trinité (sur Mer). Celles-là sont les plus terribles, car, monsieur, vous êtes alors vous-même en vacances. Il ne s'agit plus de passer un après-midi, voire deux jours en tête à tête avec vos enfants, mais UN MOIS ENTIER ! ET AVEC VOTRE FEMME, EN PLUS !

L'épreuve est redoutable, il convient de s'y préparer avec soin. Voyons les dangers qui vous guettent et comment les éviter :

Le départ en vacances : Au 1er août, vous-même et cinquante millions d'abrutis qui auraient quand même pu choisir une autre date pour partir prennent la route simultanément. En soi, c'est déjà assez éprouvant. S'il y a des enfants à bord, c'est un véritable suicide. Car l'enfant n'est pas un agréable compagnon de route.

L'ENFANT EN VOITURE EST UNE PUNITION !

Tout d'abord, il chante, et il a la voix aiguë. Puis il crie, sans arrêt, sans raison. Puis il est malade. Puis il a soif. Puis il a envie de faire pipi. Et puis c'est votre femme qui a envie de faire pipi — c'est un complot, ils ont juré de ruiner votre moyenne, monsieur, ne vous laissez pas faire ! Puis il fait des grimaces aux automobilistes qui vous doublent et se vengent en vous faisant des queues-de-poisson. Puis ils sont encore malades. C'est pas humain.

Comment éviter ça : Envoyez votre femme et les gosses par le train, dites que vous avez encore du travail au bureau et que vous les rejoindrez plus tard.

Les vacances à la plage : Le soleil, la mer, la foule et l'enfant sont des éléments incompatibles. Le soleil lui donne des coups (de soleil) (à l'enfant). Il se noie dans la mer ou alors il y perd son maillot et pleure. Il disparaît dans la foule ou court partout et projette du sable sur les vacanciers, qui râlent. Et il profite de votre sommeil pour vous enterrer à l'aide d'une petite pelle en plastique rouge que vous lui avez vous-même

offerte (ingratitude typique de l'enfant). Et il mange des glaces qui fondent très vite et tombent sur le sable, alors il pleure. C'est pas humain non plus.

Comment éviter ça : Partez à la montagne.

FITZHUGH DODSON CONTRE-ATTAQUE

La compagnie constante des enfants, surtout jeunes, est psychologiquement éprouvante pour un adulte.

LA PETITE PRÉCISION DES AUTEURS
La compagnie constante d'un vieillard grabataire n'est pas plus folichonne, Fitzhugh !

Les vacances à la montagne : Indifférent à la nature, se moquant comme d'une guigne du bon air pur et des chamois bondissants, l'enfant n'aime pas la montagne. Gravir un col puis retrouver le plaisir simple d'une bonne lampée d'eau fraîche après l'effort ne l'exalte pas (votre femme non plus, remarquez). Au contraire, il gémit dès le premier kilomètre et vous devez le porter. Il a peur des vaches et il pleure. Parvenu en haut, il a retrouvé bizarrement toute son énergie et cabriole comme un chamois bondissant et tombe dans une crevasse et il faut appeler l'hélicoptère. Avouons-le, c'est assez peu humain, une fois de plus.

Comment éviter ça : Partez à la campagne.

Les vacances à la campagne : À la campagne, l'enfant a peur de tout : des vaches (c'est pas nouveau), des guêpes, des serpents, des chiens, des fermiers, des orties, des chevaux, des tracteurs, des araignées, des aoûtats et des moutons. Il n'aime pas le lait frais, tout juste sorti du pis de la vache (berk). Il gémit parce qu'il n'y a pas de piscine (votre femme aussi, d'ailleurs). Il ne cesse de demander pourquoi on n'est pas allé à la mer, cette année. Osons le dire, c'est pas humain du tout.

Comment éviter ça : Partez à l'étranger.

Les vacances à l'étranger : Rien n'est plus redoutable qu'un enfant à l'étranger. Peu soucieux des us et coutumes des pays visités, imperméable à la plus élémentaire prudence, un enfant est capable à tout instant de pointer un doigt rigolard sur le turban d'un mollah iranien et de demander à haute voix s'il s'est cogné la tête, de défier un Texan avec des pistolets en plastique, de commander un café à la turque à un Grec ou de s'inscrire à un concours de lancer de nains en Australie. Ce n'est décidément pas humain !

Comment éviter ça : Bonne question.

Bonne question en effet, car l'enfant en vacances est une source de tracas intarissable, où qu'il aille, où qu'il se trouve. Pour ça, on peut compter sur lui, pas de problème.

Il n'y a qu'une solution, amis parents : la colo.

C'est sale, on y mange mal, les moniteurs sont incompétents, l'organisation déplorable et les activités inexistantes, mais ils y acceptent les enfants ! Même sans leurs parents ! Et pendant ce temps, vous pouvez faire la bamboula au Waïkiki Club jusqu'à l'aube sans vous soucier de la baby-sitter ! C'est extraordinaire ! Vive la colo !

Pathologie et risques liés aux congés

Symptômes	Causes
Pleurs, cris, trépignages	Chute de cheval, penalty raté, aiguille de macramé plantée dans le doigt ; mévente du muguet du 1er mai pour le compte du Parti ; frère qui fait rien qu'à embêter ; bris de kiosque de *Clemenceau* (au 1/75e) ; gifle donnée par maman ; appendicite ; licenciement de papa ; départ en voiture ; coup de soleil ; peur d'une vache ; piqûre de guêpe ; malédiction lancée par un mollah ; isolement à la colo.

Les Cahiers de l'IREP

Institut de Recherches sur l'Endurance Parentale

27, rue du Colonel Boudarel - Niort

CROIRE-OSER-PERSEVERER

Insititut fondé en 1897

Gaston Soupard

Cedric Rondel

Expérience n° 722. U.R.S.S., 25 avril 1986. Archivée 722/ABF 61/folio 912.

Sujet : M. Boris Bogdanoff, 43 ans, gardien de nuit, père de deux enfants (Igor, 7 ans, et Grichka, 7 ans).

Objet : Le sujet s'est engagé à emmener ses deux enfants avec lui au bureau pendant son service.

DÉROULEMENT DE L'EXPÉRIENCE

21 h 00 — M. Bogdanoff prend son service dans la salle de contrôle de la Centrale.

21 h 02 — Le petit Igor monte à quatre pattes sur le pupitre de contrôle, tandis que son frère, Grichka, ayant revêtu une combinaison d'amiante, s'amuse à lui faire peur. Le sujet demande un peu de calme.

21 h 10 — Igor et Grichka s'empoignent et percutent la bouteille de vodka de leur père, qui se brise. Le sujet manifeste de violents signes d'irritation. Les chercheurs de l'I.R.E.P. se munissent de boules Quiès.

21 h 15 — Le sujet a déniché une autre bouteille dans le casier du camarade Pripiakov. Il retrouve rapidement le moral.

21 h 17 — Igor et Grichka jouent à cache-cache

dans l'ordinateur central. Le sujet a vidé la bouteille, il entonne « les Bateliers de la Volga ».

21 h 18 — Un grand bruit se fait entendre dans l'ordinateur central. Le petit Igor vient de lancer involontairement le programme « Phase finale ».

21 h 19 — Tous les voyants passent au rouge dans la salle de contrôle.

21 h 20 — Les chercheurs de l'I.R.E.P. se dirigent vers la sortie en désordre.

21 h 22 — Les sirènes d'alarme se mettent à hurler. Le sujet débranche l'arrêt d'urgence sur arrêt turbine puis ferme les vannes d'admission vapeur à la turbine où l'ébullition en masse se produit. La puissance thermique du réacteur passe de 250 mégawatts à 530 mégawatts en deux secondes.

21 h 23 — Explosion dans le réacteur n° 4 de la centrale de Tchernobyl. Cinq tonnes de combustible sont projetés dans l'atmosphère.

ANALYSE

Injustement mis en cause par le K.G.B., l'I.R.E.P. a dû fermer ses portes. Notre siège central de Niort est surveillé par la D.G.S.E. À l'unanimité moins une voix, le comité directeur de l'Institut décide de prendre le maquis. Nous reviendrons ! Vive l'I.R.E.P. ! Vive la France !

COPAINS, JOURS DE FÊTE, OUVERTURE SUR LE MONDE

Un jour ou l'autre, amis parents, tel le gerfaut s'élançant hors du charnier natal, votre enfant finira par quitter le toit familial. D'accord, c'est une bonne nouvelle. Mais en attendant ce moment d'intense émotion, de longues années vont encore passer, et pas moyen d'accélérer le mouvement. Si l'enfant partait tout de suite, on crierait à la fugue, les gendarmes vous le ramèneraient — à croire qu'ils n'ont rien d'autre à faire — et les assistantes sociales, toujours à l'affût, s'abattraient sur vous comme des hyènes sur une

LE BON TRUC DU Dr COHEN-SOLAL

Sans vouloir donner trop de conseils, un certain nombre de règles peuvent être considérées comme généralement valables.

L'APPEL À LA MODÉRATION DES AUTEURS
Holà ! Holà ! Ne soyons pas si catégoriques !

carcasse de broussard. Alors ne cherchez pas à brusquer les choses, amis. Profitez plutôt du temps qui reste pour préparer l'enfant à affronter son existence future, c'est-à-dire pour le diriger doucettement vers la sortie. Laissez-le s'ouvrir au monde, aux autres, et surtout, montrez-lui que l'univers ne s'arrête pas aux bornes étriquées de la famille. C'EST LE MEILLEUR MOYEN POUR QU'IL NE S'INCRUSTE PAS CHEZ VOUS JUSQU'À UN ÂGE IMPOSSIBLE !

LES COPAINS : UNE FOUTUE BANDE

De lui-même, l'enfant s'intéresse aux autres, mais pas à ceux qu'il faudrait, hélas. N'espérez pas le voir fréquenter des personnes d'âge mûr, raisonnables et posées ; n'imaginez pas le surprendre, par exemple, en grande conversation avec un retraité des postes, dont il aurait pourtant tellement à apprendre en matière de tri, de compostage, de réexpédition des plis et paquets ! L'enfant, c'est un de ses gros points faibles, choisit mal ses relations. Par un trait de caractère déroutant, il se tourne spontanément vers les gens remuants, bruyants, très jeunes, bref, des individus dans son genre. En fait, dans 96 % des cas, le meilleur ami d'un enfant est un autre enfant. Le reste du temps, c'est un cheval, mais ce peut être aussi, plus rarement, un cachalot (cas signalés à Melbourne, février 57).

Les amis de l'enfant sont généralement désignés sous le terme générique de « copains ». Réunis, les copains forment ce qu'on appelle une « bande ». D'où l'expression fréquemment employée de « sacrée chouette bande de chics copains ».

Y a-t-il des copains plus recommandables que d'autres, ou, autrement dit, peut-on aider l'enfant à se choisir de bons copains ? Non. D'ailleurs, le concept même de « bon copain » reste mal défini. Du point de vue des adultes, le bon copain idéal serait un gamin poli, aimable, de bonne tenue, s'exprimant convenablement, ayant des résultats scolaires satisfaisants et dont les parents occuperaient une position sociale acceptable (pas d'anciens taulards reconvertis dans le théâtre porno, S.V.P. !). Mais l'enfant, de son côté, a d'autres critères de choix. Pour lui, le bon copain peut parfaitement être un type capable de roter très fort en classe.

Dans ces conditions, attendez-vous, amis, à ce que les copains de votre enfant constituent une troupe bigarrée, hurleuse, infernale, riche en projets démentiels et en personnalités fortes. Il y aura fatalement :
— le « déconneur » ;
— le ricaneur sournois ;
— le bigleux qui se fait casser ses lunettes ;
— l'affabulateur précoce ;
— celui qui chaparde au supermarché ;
— celui qui montre son zizi ;
— celui qui fume en douce dans les toilettes.

La sacrée chouette bande de chics copains, quoi !

AVANTAGES ET INCONVÉNIENTS DES COPAINS

Les copains, c'est bien connu, tous les parents vous le confirmeront, ont une influence néfaste sur l'enfant. Ils l'entraînent à faire des bêtises auxquelles il n'aurait jamais pensé seul ! Ils le pervertissent, le dévoient, le dévergondent et trop souvent, à cause d'eux, le petit être innocent devient une brute au regard métallique, au chandail décousu, à la cagoule perdue, capable de proférer des injures et des mots affreusement grossiers, comme par exemple « caca », ou « zut », ou « bite » ! Mais oui, « bite » ! C'est à se demander où les copains de votre enfant entendent des horreurs pareilles ! En outre, les filles, nous sommes à nouveau désolés d'avoir à le signaler, posent encore un problème particulier[1]. Un soir sur deux, elles rentrent de l'école en pleurnichant parce que leur copine a dit qu'elle n'était plus leur copine, ou alors c'est une autre copine qui l'a dit, et tout ça parce qu'elles, elles voulaient juste redevenir copines avec une autre copine, mais maintenant c'est fini, elles ne veulent plus être la copine de la première copine, plus jamais, bien fait pour elle, voilà ! Oui, amis, c'est incompréhensible. Et c'est odieux. Et ça peut durer des heures ! Alors assez ! Pitié ! LES FILLES SONT PRIÉES DE RESTER COPINES AVEC LEURS COPINES !

MONSIEUR SPOCK À **ENTREPRISE**

Me laissez pas là, les gars ! Ils m'ont fauché mon désintégrateur !

CAPITAINE KIRK À MONSIEUR SPOCK
J'ai dit : Restez à votre poste !

Copains, copines, le premier bilan n'est guère engageant. Mais devez-vous pour autant interdire à votre enfant de fréquenter ses congénères ? Voulez-vous, madame, monsieur, l'empêcher de s'ouvrir au monde ? Tenez-vous vraiment à ce qu'il s'incruste chez vous jusqu'à un âge impossible ? Certes non. Alors du sang-froid, nom de Dieu ! Copines et copains n'ont pas que de mauvais côtés. Loin de là. Votre enfant, par exemple, sera invité chez eux ! Mais oui, pour leur anniversaire ! Dites, vous vous rendez compte ? Un après-midi entier de paix, de 2 à 6 heures, pour le modique prix d'une boîte de Lego ou d'un accessoire de Barbie ! Et autant de fois dans l'année que votre enfant aura de

1. Les parents de garçon peuvent à nouveau passer directement au paragraphe suivant.

copains qui l'inviteront ! C'est inespéré ! Simplement fantastique !

Évidemment, un jour ou l'autre, il faudra rendre les invitations. Osons le dire, c'est l'inconvénient majeur des copains et des copines.

LES JOURS DE FÊTE : ALERTE MAXIMUM !

Rendre les invitations, bon, d'accord, mais quand ? Eh bien, pourquoi pas pour l'anniversaire de votre propre enfant, amis parents ? Dites, ce n'est pas une bonne idée, ça ? Et en plus, c'est une seule fois par an !

Bien sûr, si vous tenez absolument à être original, vous pouvez choisir un autre moment, mais alors que ce soit de préférence un jour férié. Un jour de fête. Les esprits chagrins prétendront que, pour l'enfant, la vie est chaque jour une fête, que le petit être est nourri, logé, blanchi aux frais de la princesse, que les devoirs qu'on lui donne à l'école sont tout bonnement enfantins et qu'au fond, son unique souci quotidien est de savoir si on ne lui servira pas des épinards au dîner. Certes. Tout cela est vrai. Mais ce que les esprits chagrins n'ont pas saisi, semble-t-il, c'est qu'en l'occurrence, le jour de fête devra l'être aussi pour vous, chers parents. Parce que ce jour-là, vous ne devrez pas travail[illegible]. Pour recevoir chez vous toute la foutue bande [illegible]s copains, vous devrez au contraire être pleinement disponibles, au mieux de votre condition physique et mentale, en état d'éveil absolu, aux aguets, prêts à tout. Et ce ne sera pas de la tarte !

Les fêtes, reconnaissons-le, il y en a sans arrêt. Les fêtes familiales d'abord, comme la fête des mères, la fête des pères, la fête à Neu-Neu, la Fête comme si j'étais pas là[1] ; puis les fêtes religieuses, dont les plus

1. Nous n'avons pas voulu citer ici la Fête moins de bruit dans l'escalier, décidément inclassable.

appréciées du public restent le Ramadan, Pâques, Yom Kippour, l'Ascension, Rosh Haschana, Noël, l'Id-al-kabîr, le Durgâpùjâ, l'Indrayatra, le Azziz, la Ouarza, le Moulek, et bien entendu la dédicace de Sainte-Marie-Majeure ; puis les fêtes nationales, Republic Day Parade de New Delhi, le 14-Juillet, Oktoberfiest, qui sont autant d'occasions de défiler en famille au rythme de musiques viriles ; puis les petites fêtes sans prétention, à la bonne franquette, comme le Salon du livre, le Bouskachi royal de Kaboul, la foire aux chameaux de Pushkar ou la Fête comme chez vous. Une mention spéciale enfin pour la Foire aux haricots d'Arpajon, plus sympathique d'année en année, et véritablement plébiscitée par les jeunes. Un grand bravo pour l'équipe municipale !

Les fêtes, donc, ne manquent pas, ni les opportunités de lancer les invitations fatidiques. Mais que ce soit pour un banal goûter d'anniversaire, amis parents, ou pour un méchoui royal, ou pour un spectacle de derviches tourneurs, dites-vous bien que la journée sera rude. Les quatorze gosses que vous allez accueilir, vous les connaissez, vous avez pu constater leurs talents de destruction en allant rechercher votre enfant chez d'autres parents. Ils sont terribles. Ils vont tout casser. Ils vont hurler pendant des heures. Ils vont pleurer. Ils vont faire des taches. Mais vous ne pouvez pas renoncer à les inviter, vous ne devez pas priver votre enfant de cette ouverture sur le monde ; c'est à ce prix, souvenez-vous-en, qu'il ne s'incrustera pas chez vous jusqu'à un âge impossible.

OUGL ZNBWX À ENTREPRISE

Contrat rempli, capitaine Kirk. Monsieur Spock a son compte.

CAPITAINE KIRK À OUGL ZNBWX
Restez à votre poste, monsieur Znbwx. Vous recevrez comme convenu les mille dollars interstellaires.

QUINZE ENFANTS DANS VOTRE APPARTEMENT : QUE FAIRE ?

Avant tout, ne les laissez pas se disperser dans l'appartement. Et même, ne les laissez pas dans l'appartement ! Ce serait suicidaire ! C'est vous qui recevez, bon, mais il n'a jamais été dit que la petite fiesta devrait se dérouler en intérieur ! Prenez les enfants, poussez-les sur le palier, éloignez-les de l'immeuble ! Vite ! Croyez-nous sur parole, ils s'amuseront aussi bien dehors que dedans, et même davantage. Mais oui ! Seulement attention, amis :

DEHORS NE SIGNIFIE PAS N'IMPORTE OÙ !

À toutes fins utiles, voici une liste (non exhaustive) des endroits et lieux publics à éviter impérativement quand on est accompagné d'enfants :

- **Égouts de Paris :** Obscurité, puanteur, commentaires soporifiques du guide, les enfants finiraient par se bombarder à coups de rats crevés, et les autres visiteurs en seraient indisposés.

- **Catacombes :** Vous pourrez peut-être vous aventurer dans les galeries avec quinze enfants, mais vous n'avez aucune chance d'en ressortir avec le même nombre. Et vous n'aurez pas forcément perdu les pires.

- **Musées :** Déprédations diverses et bris d'œuvres seraient les seuls résultats tangibles de la visite. Et si jamais c'est un Van Gogh qui a morflé, préparez votre chéquier, m'sieurs-dames, ça va faire mal !

- **Bateaux-mouches :** Quinze gosses, un seul adulte pour les surveiller ? À tous les coups ils vous balanceraient à la flotte, histoire de rigoler.

• **Cirque :** Les enfants font déjà un cirque infernal, alors pourquoi on les emmènerait au cirque, hein ? Ce serait foutre le souk dans la casbah !

• **Cinéma :** Le vacarme de la petite bande, ses parlottes, ses papiers de bonbons froissés ne manqueraient pas d'agacer le public et c'est encore à vous qu'on s'en prendrait. Dans le noir, quelqu'un pourrait se lever et vous gifler !

• **Manèges :** Allons, les enfants, soyez raisonnables, vous n'allez pas vous entasser à quinze dans la petite voiture rouge ! Non, monsieur, je vous en prie, n'intervenez pas, c'est trop tard. Le tour démarre. Tant pis. Non, n'essayez pas de monter, monsieur ! Non ! Attention, bon Dieu ! Merde ! Arrêtez tout ! Monsieur, ça va ? Monsieur ? Oh, là, là...

• **Zoo :** Un animal pourrait être mordu, ou un enfant.

Mais alors, direz-vous, si ni zoo ni cinéma ni rien, où donc aller ? Que faire de vos jeunes invités ? C'est très simple. Conduisez-les dans un jardin public. Dans un square. Dans un parc. Et là, laissez-les jouer. Ah, lecteurs jeunets, enfin vous comprenez l'utilité des espaces verts ! Jusque-là, vous imaginiez qu'ils existaient seulement pour que les enfants viennent y remplir leurs chaussures de sable crasseux, ou s'y faire arracher leurs jouets par plus forts qu'eux, ou s'y casser une jambe en tombant d'un banc. Eh bien, non. Les espaces verts servent à faire jouer les bandes de copains lors des goûters d'anniversaire. Jouer à quoi ? Mais à tout ce qu'ils veulent, course en sac, cache-cache, ballon prisonnier, Yokado, concours de pets, chaises musicales, pyramides humaines, etc. Un seul conseil en la matière, amis, notez-le sur vos tablettes :

LES MEILLEURS JEUX SONT CEUX AUXQUELS VOUS N'AVEZ PAS À PARTICIPER !

QUELQUES RÈGLES DE JEU À L'USAGE DES PARENTS QUI ONT LA MÉMOIRE DÉFAILLANTE

LE BALLON PRISONNIER

(Également appelé « balle aux prisonniers » par quelques enfants niais.)

Accessoires :

- Un ballon.
- Une dizaine d'enfants.

Déroulement du jeu :

L'enfant en possession du ballon le projette avec force en direction d'un autre enfant. Celui-ci tente de l'attraper au vol (le ballon). S'il y parvient, il riposte aussitôt en criant. S'il rate, c'est-à-dire si le ballon rebondit sur lui, il est prisonnier. Il se rend alors de l'autre côté, dans le camp adverse. Oui, parce qu'il y a deux camps, nous avions oublié de vous le dire. On les matérialise aux quatre coins par des tas de pulls prélevés sur les enfants. Ah, bon sang, c'est dur à expliquer comme ça, il faudrait un dessin.

ACCROCHER LA QUEUE DE L'ÂNE

Accessoires :

- Un dessin représentant un âne de profil, dépourvu de queue. On peut remplacer l'âne par un cheval, ou une vache. Penser alors à rebaptiser le jeu. Dire : « Nous allons jouer à accrocher la queue du cheval » (ou de la vache). Éviter les confusions. Ne pas choisir de dessiner un sujet humain, comme papa ou tonton Chuck. Réserver ce genre de plaisanteries pour les soirées entre adultes.

- Une queue de 50 cm environ, découpée dans du papier Canson et munie à une extrémité d'une punaise.
- Un mur.
- Un foulard pour bander les yeux.
- Un enfant.

Déroulement du jeu :

Après avoir montré à l'enfant le dessin de l'âne, on lui donne la queue, on lui bande les yeux et on le fait tourner sur lui-même pour qu'il perde tout repère. Si l'enfant ne vomit pas instantanément son goûter sur vos baskets, il doit alors tenter de punaiser la queue sur le dessin, au bon endroit. En général, il échoue, et punaise la queue dans l'œil d'un copain. Les autres enfants rient, les parents changent de jeu.

LE YOKADO

Accessoires :

- Une bassine remplie d'huile de friture.
- 200 g de chocolat en poudre.
- Un ventilateur.
- Une plante grasse.
- 2 m^3 de sable.
- Une hache d'abordage.
- Trois piles de 9 volts.
- Un chat vivant.
- Deux haltères de 5 kg.

Déroulement du jeu :

L'enfant est placé sur une chaise, au-dessus de la bassine remplie d'huile de friture. On place les trois piles de 9 volts dans le ventilateur, devant lequel est répandu par petites pincées le chocolat en poudre. Il se crée ainsi un brouillard opaque qui ne permet pas à l'enfant de distinguer ce qu'on lui lance, à savoir, tour à tour : la plante grasse, la hache d'abordage, les haltères et le chat vivant. S'il laisse tomber l'un ou l'autre de ces accessoires dans la bassine d'huile, les autres enfants crient « Yokado ! » et l'enfouissent sous 2 m^3 de sable. Le gagnant est celui qui réussit à sortir du tas de sable pour appeler le Samu.

SAUVER LES MEUBLES, C'EST TOUJOURS POSSIBLE

Et s'il fait – 37° ? Et si, décemment, vous ne pouvez pas laisser les enfants jouer dehors, même avec des moufles, un cache-nez, un caban ? Dans un tel cas, chers amis, nous n'avons qu'une chose à vous dire : vous vous êtes démerdés comme des foireux ! Car enfin, la règle est simple : JAMAIS DE GOÛTER D'ANNIVERSAIRE EN PLEIN HIVER !

Et si votre enfant est justement né en plein hiver ? On s'en fout ! Rien ne vous empêche de fêter son anniversaire le 15 août ! C'est même beaucoup plus sympa ! Ah, ce que vous êtes lourds, merde ! Bon, allez, pas la peine de s'énerver. Imaginons que vous vous soyez laissé piéger, que vous soyez vraiment du genre couillon. Surtout, ne paniquez pas ! Occupez-les, c'est tout ce que vous avez à faire. Mais occupez-les un maximum ! Pas de temps mort ! À la moindre relâche, à la moindre baisse de régime, ce sera connerie sur connerie, et tant pis pour la moquette !

Rassemblez d'abord les enfants devant la télé, allumez, et tant qu'ils sont comme hypnotisés, courez préparer le goûter. Mais attention, un goûter propre ! Pas de beurre ! Pas de confiture ! Pas de crème ! Rien qui coule ! Du chocolat à la limite, mais alors très dur, très noir. Le genre qui ne fond pas dans la main. Ni dans la bouche. Du chocolat bulgare ! Et puis des gâteaux secs très secs. Des fruits secs. Des légumes secs. Tout extrêmement sec !

Après cette délicieuse collation, dès que les enfants s'agitent, captivez leur attention, faites-leur des tours de magie ! Dans certaines familles, on fait spécialement venir des prestidigitateurs professionnels, mais nous vous faisons confiance, nous savons que vous pouvez très bien vous en tirer seul. Donc des tours de magie. Mais attention, des tours qui ne salissent pas, avec des accessoires secs, compacts, solides ! Pas de liquides, rien à verser ! Par exemple, si vous faites sortir des lapins de votre chapeau, ça ne va pas, les lapins ne sont pas solides, enfin, ils sont un peu mous, avec plein de sang dedans, c'est risqué, quoi. Faites plutôt apparaître des tortues. Les tortues, c'est solide, et même si ça tombe sur le carrelage, ça peut péter mais ça ne tache pas. C'est bien, les tortues.

Après la magie, re-un coup de télé, allez hop ! Et puis passez aux jeux. Organisez des jeux. Sans arrêt ! Mais attention, des jeux propres ! Poker, 421, gin-rummy.

Une suggestion qui vaut son pesant de moutarde... Proposez une partie de Jacques-a-dit, et quand ce sera à vous de donner les ordres, criez cette phrase : « Jacques a dit ne bougez plus ! »

Vous n'avez plus qu'à prendre un journal, amis, et à attendre bien tranquillement que les parents de vos petits invités viennent les récupérer. C'est la fin d'une longue après-midi d'horreur, mais qui fut aussi une fête et, à n'en pas douter, un merveilleux moment d'ouverture sur le monde.

DIX BONNES RAISONS D'AIMER QUAND MÊME LES ENFANTS

Sempé

PREMIÈRE RAISON

Les enfants sont petits, maniables et légers. Ils tiennent peu de place et peuvent s'entasser sur la banquette arrière. Inutile de changer de voiture !

DEUXIÈME RAISON

Les enfants sont aussi mignons que les chiens, et en plus il n'est pas nécessaire de les sortir pour leur faire faire pipi.

TROISIÈME RAISON

Les enfants nous ressemblent.

QUATRIÈME RAISON

Il était difficile d'aimer votre enfant quand il était bébé et qu'il hurlait sans arrêt en vomissant du lait, et il sera impossible de l'aimer quand il sera devenu un adolescent boutonneux écoutant du rap.
C'est donc maintenant ou jamais.

CINQUIÈME RAISON

Deux enfants font une part de moins sur votre déclaration d'impôts.

SIXIÈME RAISON

Immobile et coiffé d'un joli abat-jour, un enfant peut faire un ravissant lampadaire.

SEPTIÈME RAISON

Pendant que votre femme s'occupe des enfants, elle vous laisse tranquille, et vous pouvez lire le journal.

HUITIÈME RAISON

Si nous n'avions pas eu d'enfants, nous n'aurions jamais écrit ce livre, et avouez que ç'aurait été dommage !

NEUVIÈME RAISON

Si vous n'aviez pas eu d'enfants, vous ne l'auriez jamais acheté. Et quelle sacrée bonne vieille tranche de rigolade vous auriez ratée !

DIXIÈME RAISON

Nous avons tous été des enfants, et il fallait bien que quelqu'un nous aime.

ONZIÈME RAISON

Les enfants sont épatants.

Voilà pourquoi nous les aimons tant.

TABLE

Achevé d'imprimer
en janvier 1993
par Printer Industria
Gráfica, S.A.
08620 Sant Vicenç dels Horts 1993
Depósito Legal: B. 13901-1992
Pour le compte de
France Loisirs
123, Boulevard de Grenelle,
Paris

Numéro d'éditeur : 21899
Dépôt légal : janvier 1993
Imprimé en Espagne